中华复兴之光
神奇建筑之美

U0695739

# 古城魅力风韵

胡元斌 主编

汕头大学出版社

## 图书在版编目（CIP）数据

古城魅力风韵 / 胡元斌主编. -- 汕头 ：汕头大学出版社，2016.3（2023.8重印）

（神奇建筑之美）

ISBN 978-7-5658-2451-7

Ⅰ．①古… Ⅱ．①胡… Ⅲ．①古城—介绍—中国 Ⅳ．①K928.5

中国版本图书馆CIP数据核字(2016)第044172号

**古城魅力风韵**　　　　　　GUCHENG MEILI FENGYUN

主　编：胡元斌
责任编辑：宋倩倩
责任技编：黄东生
封面设计：大华文苑
出版发行：汕头大学出版社
　　　　　广东省汕头市大学路243号汕头大学校园内　邮政编码：515063
电　话：0754-82904613
印　刷：三河市嵩川印刷有限公司
开　本：690mm×960mm　1/16
印　张：8
字　数：98千字
版　次：2016年3月第1版
印　次：2023年8月第4次印刷
定　价：39.80元
ISBN 978-7-5658-2451-7

# 前 言

党的十八大报告指出："把生态文明建设放在突出地位，融入经济建设、政治建设、文化建设、社会建设各方面和全过程，努力建设美丽中国，实现中华民族永续发展。"

可见，美丽中国，是环境之美、时代之美、生活之美、社会之美、百姓之美的总和。生态文明与美丽中国紧密相连，建设美丽中国，其核心就是要按照生态文明要求，通过生态、经济、政治、文化以及社会建设，实现生态良好、经济繁荣、政治和谐以及人民幸福。

悠久的中华文明历史，从来就蕴含着深刻的发展智慧，其中一个重要特征就是强调人与自然的和谐统一，就是把我们人类看作自然世界的和谐组成部分。在新的时期，我们提出尊重自然、顺应自然、保护自然，这是对中华文明的大力弘扬，我们要用勤劳智慧的双手建设美丽中国，实现我们民族永续发展的中国梦想。

因此，美丽中国不仅表现在江山如此多娇方面，更表现在丰富的大美文化内涵方面。中华大地孕育了中华文化，中华文化是中华大地之魂，二者完美地结合，铸就了真正的美丽中国。中华文化源远流长，滚滚黄河、滔滔长江，是最直接的源头。这两大文化浪涛经过千百年冲刷洗礼和不断交流、融合以及沉淀，最终形成了求同存异、兼收并蓄的最辉煌最灿烂的中华文明。

五千年来，薪火相传，一脉相承，伟大的中华文化是世界上唯一绵延不绝而从没中断的古老文化，并始终充满了生机与活力，其根本的原因在于具有强大的包容性和广博性，并充分展现了顽强的生命力和神奇的文化奇观。中华文化的力量，已经深深熔铸到我们的生命力、创造力和凝聚力中，是我们民族的基因。中华民族的精神，也已深深植根于绵延数千年的优秀文化传统之中，是我们的根和魂。

　　中国文化博大精深，是中华各族人民五千年来创造、传承下来的物质文明和精神文明的总和，其内容包罗万象，浩若星汉，具有很强文化纵深，蕴含丰富宝藏。传承和弘扬优秀民族文化传统，保护民族文化遗产，建设更加优秀的新的中华文化，这是建设美丽中国的根本。

　　总之，要建设美丽的中国，实现中华文化伟大复兴，首先要站在传统文化前沿，薪火相传，一脉相承，宏扬和发展五千年来优秀的、光明的、先进的、科学的、文明的和自豪的文化，融合古今中外一切文化精华，构建具有中国特色的现代民族文化，向世界和未来展示中华民族的文化力量、文化价值与文化风采，让美丽中国更加辉煌出彩。

　　为此，在有关部门和专家指导下，我们收集整理了大量古今资料和最新研究成果，特别编撰了本套大型丛书。主要包括万里锦绣河山、悠久文明历史、独特地域风采、深厚建筑古蕴、名胜古迹奇观、珍贵物宝天华、博大精深汉语、千秋辉煌美术、绝美歌舞戏剧、淳朴民风习俗等，充分显示了美丽中国的中华民族厚重文化底蕴和强大民族凝聚力，具有极强系统性、广博性和规模性。

　　本套丛书唯美展现，美不胜收，语言通俗，图文并茂，形象直观，古风古雅，具有很强可读性、欣赏性和知识性，能够让广大读者全面感受到美丽中国丰富内涵的方方面面，能够增强民族自尊心和文化自豪感，并能很好继承和弘扬中华文化，创造未来中国特色的先进民族文化，引领中华民族走向伟大复兴，实现建设美丽中国的伟大梦想。

# 目 录

## 大理古城

## 兴城古城

## 商丘古城

## 襄阳古城

# 荆州古城

　　荆州城，又名江陵城，是全国历史文化名城之一。　荆州是可与古希腊、古罗马文化相媲美的楚文化的发祥地。

　　春秋战国时期的楚国，在城北的纪南城建都长达400多年，留下了丰厚的历史文化遗存，其古老底蕴，可上溯到绵延久远的史前时期。不仅是三国文化诞生和繁衍的历史圣地，更是历代王朝封王置府的重镇。魏、蜀、吴三国时代，这里曾是兵家必争的战略要地，至汉代时，又是全国商业都会之一。

# 周厉王时期荆州始筑城墙

荆州位于湖北省中南部，人们时常说的俗语"大意失荆州"，典故就出在这里。荆州作为全国历史文化名城，保存了有众多的名胜古迹，其中最有名的就是荆州古城。

距今五六万年前的鸡公山旧石器时代遗址就在古城东北；古城附近已经发现的新石器时代遗址有很多处。无可置疑的史迹告诉人们，荆州这块古老的热土有着悠久灿烂的历史。

位于湖北省荆州市小北门外的郢北村鸡公山遗址，是一处旧石器晚期遗址。遗址内不仅出土了数以万计的打制石器、石核和石器废料，而且发现了丰富的遗迹现象，在遗址中部有数个由大量石器围成的不规则形空地。

鸡公山遗址是一处长期使用并保存完好的石器制作场，填补了我国旧石器时代平原居址的空白。

据《后汉书》地理志记载，早在2800多年前的周厉王时期，荆州就已开始修筑城墙。此后历朝历代都对城墙加以修缮。

春秋战国时期，荆州古城墙曾是楚国的官船码头和渚宫，后成为江陵县治所，出现了最初城郭。经过几百年的风雨，后世所存的古城

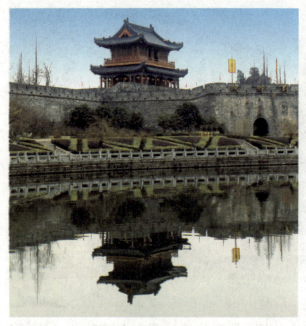

墙大部分是明末清初的建筑。古城的砖城逶迤挺拔、完整而又坚固，是我国府城中保存最好的古城垣。

该城保存完整，有东南西北四个老城门以及一个新南门。城内有玄妙观、关帝庙及铁女寺等。荆州城北的纪南城是春秋战国时期楚国的都城，保存得也较为完好。

楚纪南故城是春秋战国时期楚国的都城，当时称为"郢都"，因为城在纪山的南边，也称"纪郢"。西晋学者杜预在《左传》的注释中始将郢都改称"纪南城"。

从公元前689年楚文王迁都郢至公元前278年，秦将白起攻取郢都，前后共400多年，楚国共有20代国王在此建都。在此期间，楚国还统一了近50个小国，势力极大。楚国全盛时期，纪南城也成为楚国的政治、文化、经济中心，是当时南方的第一大都会。

纪南城址规模宏大，有7座城门。北垣和南垣古河道入口处均为水门。水门缺口东侧城垣上有一夯土台基。

城垣四周环有护城壕遗址，城内已探出东周夯土台基几十座，以中部偏东南处最为密集当为宫殿区。其东侧和北侧还探出墙基遗址。城内有三条古河道。冶炼作坊区在城西南部。宫城以西陈家台曾发现两座铸炉，炉底和附近还发现有锡渣、铜渣、鼓风管和残陶范等。

宫城北面的龙桥河两侧，曾发现窑址、水井以及墙基、散水、下水管道等遗迹，并有大片瓦砾堆积，应是当时烧制陶瓦、陶用品和市民居住生活的地区。

全城共有水井几百口，以宫城以北的龙桥河两侧最多，有土井、陶圈井、竹圈井和木圈井。有的井底遗留一大陶瓮，当为冷藏窖。出土遗物以陶瓦的数量最多，有筒瓦和板瓦两类。

城内西北部发现两处墓地，已发掘的均是春秋晚期的小型楚墓。地面有封土堆的大中型古冢 800多座，多数是春秋晚期至战国中晚期之交，与遗址的堆积和出土遗物的年代基本一致。这大体表明了古城的繁荣时期。

三国时期，荆州是争霸要津。赤壁之战后，曹操、刘备和孙权三家分荆州。209年，周瑜打败曹仁，夺取南郡，孙权拜周瑜为偏将军，领南郡太守，驻江陵。210年，周瑜死后，孙权采纳鲁肃建议，把自己所据的部分"借"给刘备，于是刘备占有荆州绝大部分的地盘。

在我国古典文学名著《三国演义》一百二十回中，就有七十二回的内容涉及荆州。"刘备借荆州""关羽大意失荆州"等脍炙人口的故事，就发生在这块古老的土地上。

公安门位于古城墙东南角，又称小东门，是古城唯一的水门。如今水门码头虽早已失去它的功用，但码头之上的青石护岸栏杆，上下码头的石阶仍清晰可辨。

210年，立营公安县的刘备，从接替周瑜执掌帅印的鲁肃手中侥幸借得荆州，并派关羽镇守，他自己仍扎营公安。

以后刘备每次经公安到荆州视察防务，都要经过水路，由小东门码头登岸入城。

为了纪念这段难忘的历史，后人就用刘备驻守之地的公安代称小东门。年深日久，小东门称谓淡化，公安门便成了惯称。

此后，东晋末年的晋安帝，南朝时的齐和帝、梁元帝、后梁宣帝，隋朝后的后梁王以及唐末五代十国时的南平国王等，先后有11个王侯在此称帝、称王，并建都，历时100多年。

**知识点滴**

在荆州城大北门金水桥外有一条街道，叫得胜街。这条街道连同洗马池都是大有来头的。

传说，关羽镇守荆州时，曾在沔水与曹军遭遇，并展开激烈战斗，关羽获得胜利。随后，关羽班师凯旋进城，沿街百姓自发聚集欢迎得胜将士。一时间，鞭炮声声，载歌载舞。

关羽得胜回城受到如此盛大的欢迎，喜不自胜，进城后，看到他的坐骑赤兔马满身征尘，顿生怜惜之情。关羽见北门内东侧有一个清澈见底的池塘，便策马而至，亲手为赤兔马洗涤。百姓目睹此景，甚为感念，遂将此塘称为洗马池。

# 唐代始建玄妙观和两座寺院

唐朝时期，荆州被作为陪都，称南郡，与长安城南北呼应。荆州在我国漫长历史的演进中，所处的这种重中之重的地位和作用，有力地促进了荆州古城的发展与进步。

这一时期著名的建筑有铁女寺、开元寺、玄妙观以及荆州古城墙等。

铁女寺建于629年，距荆州古城北门楼只一箭之地。随着年代的久远，铁女寺庙几次毁损。元代末年，世道不宁，民不聊生，铁女寺坍塌。

到明代洪武年间，辽王朱植改藩荆州后才重新修建了此寺。

门内赫然兀立大石碑，正面为一巨大"佛"字，背面就是朱植的《铁女寺碑记》。二铁女置于大雄宝殿内，其形态模糊，如坐似立。铁女寺规模虽算不上宏大，但其特有的来龙去脉和古建胜迹却使其魅力独具，香火、游人不断。

现存建筑是明朝修建的，包括山门、大雄宝殿、观音殿、弥勒殿、韦驮殿和藏经楼。寺内供奉两尊铁像，传说就是两位铁女原身所熔，甚是生动。寺内供有舍利，一部血书《妙法莲华经》。

开元寺建于唐代开元年间，后代屡有修葺。现在所存的建筑多是明、清两代所建，中轴线建筑山门、雷神殿、三清殿、天门和祖师殿等都保存得很好。

山门是木构门楼式建筑，庑殿顶，上檐施一斗二升交麻叶出四翘斗拱，下檐施六栖出三翘斗拱，三门道造型庄重秀丽。山门外东西两侧有大石狮各一座，显得十分威严。

玄妙观与开元寺建于同一时期。玄妙观名称曾多次变更。1009年，宋真宗下诏更名为天庆观。1297年，元成宗复改为玄妙观。1339年，元顺帝赐题"九老仙都宫"。清代为了避清圣祖康熙皇帝玄烨之讳，改名为元妙观。

古观原由山门和六座殿阁组成。六殿阁分别名为四圣殿、三清殿、玉皇阁、玄武阁、圣母殿和梓潼殿。前四殿依次呈直线排列。

四殿中最后一殿玄武阁置于高台，台东为圣母殿，台西为梓潼殿。后来剩下三重建筑，前为玉皇阁，中为三天门，后为置于崇台之上的玄武阁，均为1584年重建。

荆州古城有着众多的古迹名胜，但荆州古城墙却是其中最具代表、最有分量的古迹之一。

荆州古城墙是我国延续时代最长、跨越朝代最多、由土城发展演变而来的唯一古城垣。

古城垣包括两晋、三国时期的土城和宋朝、五代时期的砖城。五代砖城叠压城墙。由此可见，从三国时代起，荆州古城墙没有发生过大的变迁，土城墙远远早于砖城墙。

到了元代，荆州被作为荆湖行省的省会。此后，历代皆有发展。

据江陵县志中记载，当时江陵府有位叫孙坤的冶铁监官，蒙冤入狱以后。孙氏的两个女儿痛父蒙冤，投告无门，两人便一起投入冶铁炉中，化为两尊铁女。皇上闻听此事后，被铁女的孝心打动，释放了她们的父亲，并昭赐立祠祭祀，取名"铁女祠"。

最初，铁女祠是供奉符合儒家标准的女性人物的祠殿。后来，祠中请进了佛菩萨，就改称为"寺"。成了既供铁女又礼佛，融儒、佛两教于一炉，独具特色的道场。此事在明代朱植所撰的《铁女寺碑记》中有详细记述。

知识点滴

# 元明清时期古城再度繁荣

荆州古城积淀了丰厚的历史文化。到了明代洪武年间，这里成为湖广分省的省会。明代以后，这里一直是州、县的治所。

提到荆州古城，人们就会想到城上三山。其实，城上三山是人们对荆州古城内城垣上三个带"山"的地名的习惯统称，三山是指松甲山、卸甲山和掷甲山。

城上三山实际上就是三个土台，只是与关公镇守荆州密切相关，故而得名。后人在三山上建祠以祭祀关公，祠堂后来均已毁圮。

据清代乾隆时期的《江陵县志》记载，松甲山位于东北城垣上，传说关公曾经在此地松甲小憩。又传1395年，楚王朱桢、湘王朱柏在虎渡口一仗大胜凯旋时，荆州知府应伯和在雄楚楼设宴犒劳。

卸甲山在西南城垣上。传说关公凯旋曾在此地卸甲而得名。清代康熙年间，卸甲山改称余烈山，并修建关庙，嘉庆皇帝曾亲书匾额"威震华夏"四字悬于其上。

三山冠"松甲、卸甲、掷甲"之名，皆取"释甲偃武，不事兵甲"之意，表达了自古至今荆州人民渴望和平安宁，共创幸福生活的美好愿望。

到了明朝及以后，荆州越发得到朝廷的重视。在这一时期修建了众多的古迹。如关公馆、万寿宝塔、荆州城墙、张居正故居、古墓群等。

1396年，明代政府出资修建了关公馆。关公馆也称关帝庙，位于荆州古城南门关庙旧址。关庙旧址既是关羽镇守荆州十多年的府邸故基，关羽曾在这里总督荆襄九郡诸事十多年。这里也是关羽后代世袭江陵的地方所在。

整个馆宇仿照原关庙风格，殿宇分为仪门、正殿、三义楼和陈列楼。正殿和三义楼分别供奉着关羽和桃园结义刘、关、张三人的巨型塑像。

庙内现存明代万历年间栽植的两株雌雄银杏树，以及关羽青龙偃月刀和赤兔马槽等珍稀文物。关公馆于明代万历年间重建，清代又有两次重修并扩建。

荆州关帝庙自建成以后，规模不断扩大。到了1735年，庙内除了奉祀关羽外，他的儿子关平、部将周仓及杨仪、马良都一起受祭祀。一时间，荆州关帝庙庙宇森严、规模宏伟。

明代所建的另一处景观是万寿宝塔，也称"接引塔"。该塔位于素有万里"长江第一矶"之称的观音矶头上。是明藩辽王朱宪㸌，遵太妃毛氏命为嘉靖帝祈寿而修建的。1548年动工，1552年建成。清代康熙、乾隆和道光年间都曾有过修缮。

该塔向南，塔身以砖、石砌筑，八角七级。塔基须弥座，塔身中空，每层都有塔门。底层塔门上置一石匾，楷书"万寿宝塔"4字。第四层塔室内有一块"辽王宪鼎建万寿宝塔记"碑，字迹斑驳。塔内设螺旋式石梯。

万寿宝塔塔额、枋、斗拱皆仿木构建筑形式，塔一层正中供一尊接引佛，庄严肃穆。塔身各层共饰有汉白玉雕刻佛像，塔身内外壁还共嵌有浮雕佛像砖、花纹砖和文字砖。

雕佛像或端坐，或肃立，各具风姿，据传这些佛像都是嘉靖皇帝下诏各地敬献，因而极具地方特色。字砖中所刻的汉、藏、满文仍然清晰。塔顶置有铜铸鎏金塔刹，上刻《金刚经》全文。

荆州城墙自1789年至1792年两次大修后，保存有六座城门。城门的建造巧妙地形成了双重城门，四重门防。双重城门之间称瓮城。

瓮城的巧妙设计体现了我国古代积极防御的杰出军事思想。瓮城最奥妙之处是可以实施积极防御，敞开瓮城，诱敌深入，四面围攻，一举歼之。

荆州城墙除上述六门外，1788年万城堤决溃城之前，在城西南隅还有一门，名为水津门。万城堤决之时，大水正是从水津门和西门涌入，导致城崩。后来乾隆命钦差大学士阿桂等再造荆州城时，未再建水津门，仅恢复了西门。

荆州古城墙作为古时的一项大型军事防御工事，除了高大坚固的墙体和瓮城等建筑外，城墙之上还有众多配套的军事设施，如今尚存

且最具作战防御功能、
最有特色的就是暗设的
四座藏兵洞。

藏兵洞所在的墙体
向外呈长方形突出，对
攻城的敌人，可以从三
面射孔暗箭齐发，使敌
人猝不及防。

1393年，朱元璋的
第十二子，受封于江陵
的湘王朱柏，由于笃信
神仙，在这里量地造

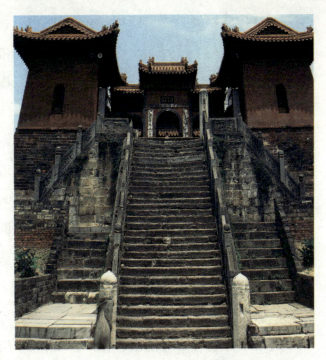

林，营建新殿。第二年新殿落成，经过占卜，命名为太晖观。其实，
早在宋元时期这里就建有草殿。

湘王后来被诬为谋反畏罪自焚，不久就被平反了，其衣冠冢就位
于太晖观西侧。后经抢救性发掘，出土文物600多件。

该墓为砖石结构，由前、中、后三室外加耳室组成，墓室前室外
顶仿硬山式殿堂建筑，墓室结构奇特别致，建筑工艺精湛，与太晖观
交相映衬，共同构成湘王地上地下两座王宫。

张居正故居位于古城东门内，是后人为了缅怀、纪念万历首辅张
居正的场所，原名为"张大学士府"。由于历史原因，其故居毁于战
乱。后人又重建张居正故居，并以其原有建筑景观布局。

在荆州古城西北的八岭山上有一处规模庞大的古墓群"辽王墓
室"，至今保存极为完好，现有的墓院墙，是八岭山古墓群按土筑方

式修筑的。院墙上部用带卷草的花纹图案砖出檐，上盖大型筒瓦。

墓室的前、中、正殿还装有大型石门和两道木门，石门上有9排9行石质门钉。墓道盖面上刻有"故辽简王之墓"6个大字，底面上刻有辽简王的生平。整个墓志铭全被城砖密封。该墓在历史上虽多次被盗掘，仍出土了100多件珍贵文物。

荆州城古老且历经沧桑，如今古城得到了人民的厚爱。古老的荆州城正焕发出新的青春和更加迷人的异彩。

卸甲山位于荆州古城西南城垣上。传说关公凯旋曾在此地卸甲。而掷甲山位于城垣西北隅，与关公"大意失荆州"有关。相传，关公镇守荆州时，吕蒙白衣渡江偷袭江陵，即荆州城，荆州告急，关公闻讯，急率真兵回救，赶至城下，方知守城将领糜芳等已献出城池，投降东吴。关公痛心疾首，情急之下他脱下铠甲，猛地抛掷到西北城垣上，然后率部西撤。于是，后人称此处为"掷甲山"。

# 平遥古城

　　平遥古城位于我国山西省中部，是一座具有2800多年历史的文化名城，在我国境内保存最为完整的古代县城，是我国汉民族城市在明清时期的杰出范例。

　　平遥旧称"古陶"，始建于公元前827年至公元前782年间。明朝初年，为了防御，始建城墙。1703年，筑四面城楼。

　　平遥是我国清朝晚期的金融中心，并有我国目前保存最完整的古代县城格局，基本保存明清时期县城原型，有"龟城"之称。

# 西周为抵御侵扰始建古城

在我国北部的山西省中部，有座保存完整的历史名城，它是我国古代城市的原型，世界遗产委员会曾经这样评价它：

它是中国境内保存最为完整的一座古代县城，是中国汉民族城市在明清时期的杰出范例，在中国历史的发展中，为人们展示了一幅非同寻常的文化、社会、经济及宗教发展的完整画卷。

世界遗产委员会的评价一语道破了这座古城的一个特点，那就是一个"老"字。

那么，这座古城到底叫什么名字呢？它便是旧称"古陶"的平遥古城。据说，平遥古城始建于西周宣王时期，在公元前827年至公元前782年时期。

当时，周宣王为抵御北方游牧民族的侵扰，曾派兵北伐犭，并修建了京陵城。京陵城就建在后来平远县城东北的京陵村，"京陵"2字作为地名一直沿用至今。这可以说是平遥建城的开端，也是现存平遥古城的前身。如果从那时算起，至今已有2800年左右的历史了。

春秋时期，平遥隶属晋国，战国时又归属赵国。秦始皇统一中国后，废封国，实行郡县制，置平陶县，属太原郡。汉代时期，平遥属于京陵、中都两县及邬县地区。

到了北魏太武帝时期，为避太武帝拓跋焘的名讳，太武帝将原来的平陶县改为平遥县，并把县治从别处迁到这里。此次迁动后的新址就是后来平遥古城的地址，以后，平遥历经多个朝代变迁，但名称都没有发生变化。

隋唐时期，为防御北方突厥族的侵入，作为"表里山河"的军事重镇山西，在战略上具有特殊的重要地位。当时，平遥以一座土夯的城垣，经历过冷兵器时代一场场自卫战争的严酷考验。

到了北宋初年，赵匡胤在战斗中派兵焚烧平遥城。然而，虽经历了一场火灾，平遥城池还是保存下了不少，并在以后得到了不断的发展。

1367年，平遥城墙在旧城基础上开始了扩建。重建后的古城有门6座，东西各两座，南北各一座，全部用砖石包墙。

明朝中叶，平遥城市经济的繁荣和人口的增长，促使城市建筑向外扩展。以后，明景德、正德、嘉靖、隆庆和万历年间共进行过十多次补修和修葺，更新城楼，增设敌台。为此，现存平遥古城的城墙一直保持着明清时期的城墙风貌。

据记载，平遥古城最初的城墙是特别低矮的夯土筑就，为了军事防御的需要，经过明清两代500余年间，先后有20余次的包砌整修，便形成现在见到的砖石城墙。

平遥古城有"龟城"之称，意喻长生不老，青春永驻，坚若磐石，金汤永固。气势宏伟的古城墙，全长6千米，城墙素土夯实，外包砖石，墙顶铺砖以排水。墙外筑有又深又宽的护城壕，足以抗拒来犯之敌于墙外。

城墙的城楼修筑于城池的城门顶，古代有时称"谯楼"。平遥城墙的城楼共有6座，造型古朴、典雅，结构端庄稳健。城楼是城墙顶精致美观的高层建筑，平常登高瞭望，战时主将坐镇指挥，是一座城池重要的高空防御设施。

城墙上还建有角楼、城楼、魁星楼、文昌阁和点将台等建筑。城墙的各个城门都建有重门瓮城，均为方形，与城墙同高。

瓮城上筑重檐歇山顶城楼，城门开在侧面，以便在大城、瓮城上从两个方向抵御来攻的敌人，瓮城设内、外门，平时检查来往的过客，需要时即可关上两座门，形成"瓮中之鳖"之势。城外有护城河环城一周，河上有一座大吊桥。

城墙的角楼是建于城墙四角上的楼橹，主要用以弥补守城死角即城墙拐角处的防御薄弱环节，从而增强整座城墙的防御能力。角楼分别有西北角的霞叠楼、东北角的栖月楼、西南角的瑞霭楼和东南角的凝秀楼。

点将台位于上东门和下东门之间城墙顶上，现为砖砌高台。相

传，公元前 827年周宣王即位后，派大将尹吉甫率兵北伐猃狁，连战连捷，后奉命屯兵今之平遥，增筑城墙，并在此训练士卒，点将练武。

明代中叶，人们为纪念尹吉甫功绩，在尹吉甫曾点将阅兵的地方修筑了高真庙。明清维修城墙时一并将高真庙连成一体。

城墙有6道城门，这些门还

分别有各自的寓意，南门叫迎薰门，是龟首，面向中都河，城外原有两眼水井，喻为龟之双眼，可谓"龟前戏水"。北门叫拱极门，为龟尾，是全城的最低处，城内所有积水均经此流出。

　　上西门叫永定门，下西门叫凤仪门，上东门叫太和门，此三门形似龟的三腿向前伸，唯有下东门亲翰门的外城门径直向东而开，传说是古人怕龟爬走，将其后腿向东门拉直并用绳子绑好拴在麓台塔上。

　　环城而行，每隔一段距离，就筑有一个凸出的马面，用于瞭望和发扬侧射火力，是保卫城墙用的。城墙脚下是防御的死角，有了马面，就可以弥补这个不足，从三面组成一个立体射击网，城防力量大大加强。

　　马面上的两层小楼，也称敌楼。据旧志称，明代初年重修平遥城墙时，仅建敌台窝铺40座，明隆庆三年（1569年）增至94座，明万历三年（1575年），在全城以砖石包城的同时，重修成砖木结构的敌楼

72座，后经历代修葺，遗存至今。敌楼平面呈方形，四壁砖砌，硬山顶，筒板瓦覆盖，底层面向城内的一面辟拱券门，楼内设木楼梯，上层置楼板，楼上四面各开拱券窗两孔。

平遥古城城墙上的现存敌楼，是供士兵休息、存放粮食和弹药的场所，同时也增加了古城的美观。

城墙顶面用砖墁铺满，内侧为保护守城士兵而修建的护墙，名为女儿墙，外筑供士兵打击敌人和眺望敌情所用的垛口，共计3000个。

据说，这300个垛口和72座敌楼，象征了同孔子周游列国的3000门徒和72贤人。敌楼上还有孙子兵法石刻，使得一座壁垒森严的城池显得文雅亲和、先礼后兵，透露出一种浓郁的文化气息。

除了这古老的城墙，在平遥古城内，还有许多从明代以及明代前流传下来的遗址和遗迹，它们与古城墙共同组成完整的平遥古城，为平遥古城增添了无穷魅力。

其中，位于古城内的政府街，坐北朝南，平遥县，是我国保存下来最为完整的古县衙之一。据说，这座古县衙始建于明代。

县衙内的建筑沿中轴一字排开，依次为衙门、仪门、牌坊、大堂、宅门、二堂、内宅、大仙楼。

紧接县衙大门的是仪门，也称礼仪之门，是象征封建礼教的建筑物。

东西厢设六房，即吏、户、礼、兵、刑、工房。院东自南向北有钟楼、土地祠、赞侯庙、粮厅、花厅。院西有申明亭、重狱、女狱、轻狱和公廨房、督捕厅、洪善驿站和阎王殿等建筑群。

衙署大门西侧是申明亭，是有关吏员对民间纠纷进行了解和调解的地方。衙门两边是赋役房，为窑洞厢房，是收取赋役、钱粮的地方。

平遥古城内的另一处著名景观是位于古城东侧的城隍庙。此庙初建于明代初年，1544年重修。到了清代康熙、乾隆年间，城隍庙又曾多次修葺补筑。

1859年，城隍庙在庙会期间毁于火灾，1864年才得以续修。

城隍庙庙院宏大，布局完整，总占地面积为7302平方米。平遥城隍庙与众不同之处，在于城隍庙、财神庙、灶君庙三庙合一。

城隍庙位于整个建筑群中轴线，坐北朝南，前后四进院落，殿宇高大挺拔，临街山门，殿前戏楼，殿后寝宫，是我国道教庙宇殿堂的典型建筑形式。

城隍庙的牌楼、山门、戏楼、献殿、城隍殿、寝宫层层叠进，游廊、官厅、东西厢房、配殿纵深相连，贯穿为一体，既有寺庙殿堂配置特色，又具有官署建筑的风格，其神学意趣和"前朝后寝"的功能十分明显。

平遥城隍庙是我国国内保存最完整的城隍庙之一，尤其以规模之大，内涵之丰，建筑之精而著称。平遥城隍庙无论从建筑结构，还是局部的艺术处理，均体现了我国古代儒道两教为主的文化内涵。

**知识点滴**

在城墙上两边各有一道短堵，叫女儿墙，这来源于一个古老的传说。据说，最早的城墙上是没有女儿墙的。

有一次，一个老人被拉来做工，和他相依为命的小孙女也天天随他来到城上，坐在旁边观看。一天，一位累极了的民工昏昏沉沉中竟然走到城墙边上，小女孩怕他掉下城去，就用力向里推他，不料用力过大，民工虽得救了，小女孩却摔死了。

后来，人们为了纪念小女孩，工匠们就在城上修起了矮墙，并把它叫作女儿墙。

# 从清代起曾为金融业中心

　　1616年，清太祖努尔哈赤建国称汗，国号大金，史称"后金"。
1636年，清太宗皇太极称帝，改国号为"大清"。

　　1644年，李自成的大顺军攻占北京，明朝灭亡；驻守山海关的明
将吴三桂降清，清摄政王多尔衮指挥清军入关，打败大顺农民军。同
年，清顺治帝迁都北京，从此，
清朝取代明朝。

　　进入清代，平遥古城迎来了
新一轮的发展高潮。据记载，清
康熙帝西巡时，曾驾临古城。到
了清朝末年，慈禧太后和光绪帝
在西逃途中，也曾路宿古城。

　　当然，平遥最辉煌的一页
是，它曾是清代晚期我国的金融

中心。1824年，我国第一家现代银行的雏形"日昇昌"票号在平遥诞生。它也是我国银行业的开山鼻祖。

当时，在日昇昌票号的带动下，平遥的票号业发展迅猛，鼎盛时期这里的票号竟多达20多家，一度成为我国金融业中心。

也正是因为如此，在现存的平遥古城内，还有众多从明清时期遗留下来的街道商铺、民居建筑等，这些遗址古迹均体现了历史原貌，被称作研究我国古代城市的活样本。

沧桑的平遥古城的交通脉络由纵横交错的4大街、8小街、72条蚰蜒巷构成。

南大街为平遥古城的中轴线，北起东、西大街街接处，南到大东门，以古市楼贯穿南北，街道两旁，老字号与传统名店铺林立。

这南大街又称明清街，自古以来就是平遥县最繁华的商业中心，街道两侧的店铺都是具有明清风格的建筑。

明清街的中央是山西省省级重点文物保护单位，贯通南北的金井楼，清时被冠以平遥县十二景之一。

金井楼的结构为三重檐歇山顶木构架楼阁，筑砖石台基，四角立通天柱，外包砖墙，东西各有券门一道，四周围廊，柱上施半拱。

金井楼的二层平座回廊，前后隔扇门装修，内施楼板，设神龛，南供关圣大帝，北祀观音大士，另奉魁星，屋顶装天花板，楼顶施彩色琉璃瓦，嵌镶成南喜北寿的精美图案。

金井楼既不是宗教性建筑，也非防卫性建筑，为城内独一无二的楼阁式高层公共建筑。

多少年来，在人们的心目中，金井楼与古城墙成为一个不可分割的整体，成为平遥古城的象征。

在明清街，除了这金井楼，还有清代平遥"蔚"字五联号之一的蔚盛长票号，旧址位于平遥县城南大街13号，是县级文物保护单位。

蔚盛长票号成立于1826年，由原设于平遥城内的绸缎庄改组而成，总号设在平遥城内。财东是介休北贾村的侯荫昌和平遥普洞村王培南及几户小股东，经理为汾阳人郭存祀。1900年，慈禧太后携光绪皇帝西行路过平遥时，因提取醇亲王汇来的银两下榻蔚盛长票号。1912年，经理雷士纬求到了书画篆刻大师吴昌硕先生的墨宝"光绪行宫"4字，为此，此处又名"光绪皇帝下榻处"或"光绪客栈"。

在蔚盛长博物馆的北厢房，墙上有一幅由四小幅为一组的画，这便是明清著名书法家傅山的"梅兰竹菊"四君子指头画。

蔚盛长博物馆的正厅，院子与台阶一级比一级高，这代表着步步之高的意思，也就是说院子的与身份的高低是成正比的。

正厅便是当时掌柜所住的地方，在厅中央，有一块蓝色的匾，上面写着"乾健伸贞"4个大字。据说，这块匾是当时票号掌柜过六十大寿之时，他的好友赠予他的。

进入正厅之后，首先映入眼帘的是"百葫芦宝床"。此床是此馆珍品之一，采用浮雕和镂空两种工艺，上面雕有100个葫芦，床的两边还有两个"寿"字，意为多子多福多寿之意。下边的床板上还雕有九头狮子在嬉绣球，这幅雕刻画代表着：狮子滚绣球，好日子在后头。

在百福阁的二楼，还存放着一尊古老的佛像，这是佛祖释迦牟尼。古代生意人信佛，像此票号的历任掌柜便都是信佛之人，放置佛祖塑像在此，是乞求财源滚滚之意。

位于古城明清街南口，坐西朝东、建筑保护非常完好的一座三进院落，是清代主要票号之一的百川通票号旧址。

此票号是明清街店铺、民居建筑中保存最完好、最高的店面，也是古城内最早开发的景点之一，票号财东中祁县城内的渠源浈，经营期间在全国各地设立多处分号，其旧址已辟为"三晋大财东家私博物馆"。

博物馆由外及里，分三进院落，每个院落依次增高，隐示着"步步登高"的吉祥之意。

穿过门厅，院内南面耳房为住房用品陈列。对面是当时接待重要宾客的大烟房，在中院南厢的原账房内，现设有百川通的全模型，北厢房是当时的银窖。

中院正厅原为会客所在，仍以旧时模样摆设。里间是票号的客房，现设有清代紫檀三面浮雕罗汉床图案，木雕工艺十分考究。

客厅和楼上的阁楼组成整座院落的主楼。楼檐椽头用油漆彩绘画成铜钱图案，并依次写有"一本万利、二人同心、三元及第、四季平安、五谷丰登、六合同春、七子团圆、八仙上寿、九世同居、十全富贵"，可谓民俗意趣浓厚。

票号后院由佛堂、小姐闺房、家眷会客厅及正屋的家堂组成，陈列品主要有明代所塑的文殊菩萨，各种古旧坐椅，如禅椅、小姐椅、太师椅、文椅、圈椅、交椅、四出头官帽椅等，这些陈列，体现了封建社会的等级差别和礼仪程序。

在古城的明清街内，除了几个著名的票号之外，还有很多有名的镖局。从狭义角度来讲，镖局就是为一些商家或个人提供安全保障的专门机构。

平遥古城内的镖局兴起于清代末年，当时，镖局的主要业务就是为票号押送银镖，这就形成了镖局走镖的两大镖系，即银镖和票镖。

在清朝末期，随着票号的逐渐衰败，镖局的主要业务对象，转化为为一些有钱的客人押送一些衣物首饰和保障人身安全。这就形成了粮镖、物镖、人身镖三大镖系。

山西人在外经商的特别多，这就给山西人创办镖局提供了一定条件。我国第一家镖局，是由山西人"神拳无敌"张黑五在北京顺天府门外创办的兴隆镖局，后来，平遥县的王正清也创办了同兴公镖局。

平遥比较有名的镖局当数同兴公镖局、中国镖局和华北第一镖局。

其中，同兴公镖局是由平遥南良庄人王正清于1855年创办。当时的王正清是一位名扬京城、威震全国的武术大师，其子王树茂尽得其真传且有青出于蓝之势。所以，同兴公镖局创立之始，就在当时全国著名镖局中享有较大声誉。

平遥古城内现存的同兴公镖局的展馆为明代建筑，全面系统地介绍了清代咸丰直至民国初年同兴公镖局创办、发展以及歇业的全过程，讲述了武林镖局方面的知识。

平遥的中国镖局展馆是明末清初镖局的旧址。这个展馆展出的古迹文物，向人们提供了一些实物资料，主要介绍中国的镖局发展史，以及在明清时期，我国有名的十大镖局、十大镖师和走镖过程中的轶事趣闻，尤其是形意拳、长拳、套路等武术门派的发展历史。

平遥的华北第一镖局，于1849年开局后，历经整整64年，从没有失过一趟镖。到了清代末年，华北第一镖局与其他镖局一样，也面临着衰败的局面。1913年，创造过许多成功奇迹，取得过无数辉煌的华北第一镖局正式闭局。

平遥古城的明清街，街道并不宽，在每个体面门庭的花岗岩门槛上，都有两道很深的车辙印痕，可以想见当年街道上车水马龙的热闹情景。

古城的"干"字街，是由东大街、西大街、南大街、城隍庙街、衙门街组成的。其中，西大街，西起下西门、东和南大街北端相交，与东大街呈一条笔直贯通的主街。我国古代各式银行的"乡下祖父"日昇昌票号就诞生在此街。

日昇昌票号创建于1824年，遗址占地2000多平方米。此建筑群用地紧凑，功能分明。作为晋商文化的杰出代表，日昇昌票号的建筑风格和规模都是典型，但又有其特殊性。它采用三进式穿堂楼院，既体现了晋中民居的传统特色，又吸收了晋中商铺的风格，达到了建筑艺术和使用功能的和谐统一。

日昇昌票号院落分为三进。前院为营业大厅，中院为内部的办公机构，后院属生活区。

这座院落是当年平遥控制全国各家分号的中心枢纽，这里作为总号要起发布指令的作用，而各分号在它的指挥下，把源源不断的钱财赚取回来汇集于此。

在古城内西大街，除了日昇昌票号，还有宝丰隆票号、厚德恒钱庄，以及永泉当、永玉当等著名当铺，这些店铺经过一二百年的风风雨雨，处处已显出苍老，但苍老而风骨犹在，竟然没有太多的破旧感和潦倒感。

在古城内的8小街和72条蚰蜒巷，名称各有由来，有的得名于附近的建筑或醒目标志，如衙门街、书院街、校场巷等；有的得名于祠庙，如文庙街、城隍庙街、罗汉庙街等；有的得名于当地的大户，如赵举人街、雷家院街、宋梦槐巷等。

古城东北角有一座相对封闭的城中之城，类似古代城市中的坊，附近的四条街道也就被命名为东壁景堡街、中壁景堡街、西壁景堡街和堡外街。还有一些街巷则已经无法探究名称来历了，例如仁义街、甜水巷、豆芽街、葫芦肚巷等。

平遥古城内的民居建筑，以砖墙瓦顶的木结构四合院为主，布局严谨，左右对称，尊卑有序。大家族则修建二进、三进院落甚至更大的院群，院落之间多用装饰华丽的垂花门分隔。民居院内大多装饰精美，进门通常建有砖雕照壁，檐下梁枋有木雕雀替，柱础、门柱、石鼓多用石雕装饰。

民间有句俗语："平遥古城十大怪"，其中一条是"房子半边盖"。平遥民居之所以大多为单坡内落水，流传最广的说法为"四水归堂"或"肥水不流外人田"。

山西处干旱，且风沙较大之地，将房屋建成单坡，能增加房屋临街外墙的高度，而临街又不开窗户，则能够有效地抵御风沙和提高安全系数。而院内紧凑的布局则显示对外排斥、对内凝聚的民族性格。

关于票号"日昇昌"这三个字的来源，还有着一段美丽而神奇的传说。

一天晚上，日昇昌票号的创始人雷履泰做了一个奇怪的梦。他梦见木器厂内着了大火，但当他赶到木器厂前，这里竟是一座金碧辉煌的天堂大院。忽然，天上开了一座大门，天界众仙飘飘然向西而去。到了头顶，众神仙都频频招手，约他同去。于是，雷履泰就觉得自己身如飘带，冉冉登上仙界。

雷履泰醒来后，受到此梦的启发，便将自己新成立的票号取名为"日昇昌"。

知识点滴

# 古城内外的其他古迹名胜

平遥古城从始创至今，已有2800多年的历史。迄今为止，它仍较为完好地保留着明、清时期县城的基本风貌，堪称我国汉民族地区现存最为完整的古城。

悠久的历史，积淀了古城厚重的文化底蕴，使这座千年古城成为丰富历史文化的坚实载体，为后人留下了丰富的历史文化遗产。

　　平遥古城包括3个部分：一是以古城墙为界向外延伸保护范围之内的整个老城区；二是县城西南的双林寺；三是县城东北的镇国寺。三个部分同为一体，统称为平遥古城。

　　这里提到的双林寺位于山西省平遥县西南的桥头村。双林寺原名"中都寺"，其地本为中都故城所在，因之得名。

　　中都寺创建年代很早，因古文献记载失详，难以确考。寺中现存最古之碑为1011年"姑姑之碑"。年代久远，字迹模糊，第20行"重修寺于武平二年"尚可辨认。

　　"武平二年"是北齐年号。既是重修，其创建年代必早于此。这样说来，即使从北齐算起，中都寺至今也已历经1400多个春秋了。

从碑文的描述中可以知道，当时的中都寺为一方胜境，庙貌雄伟，香火隆盛，游人不绝，曾建有"七重楼阁，高可望省"，可惜毁于火灾，原阁础石至今犹存，直径一米有余，足证其规模之大。约至宋代，中都寺改名双林寺。

宋代以后，寺中曾住有尼姑，故有"姑姑之碑"及"贞义祠"等遗迹，盖与纪念尼姑有关。

双林寺建筑，历遭100多年的风雨兵灾之患，庙貌渐倾圮，虽然历代皆有修葺，但到元代末年，已到了"殿楹损坏，厅廊倾颓"的地步。

因此，明代景泰、天顺、弘治、正德、隆庆年间以及清代道光、宣统年间都曾大规模地重建或重修，现存庙宇全是明代和清代建筑。

平遥古城现存的双林寺呈坐北朝南之势，寺庙围墙仿城墙之样，上置垛口，内为夯土，外砌砖墙，为明代所建。

寺院东为禅院、经房。西为庙群，由风格迥异的10座殿堂组成，前后三进院落。唐槐、宋碑、明钟、壁画交相辉映，构成一方胜境。1500多尊作品全部由木胎泥塑而成，它们继承了我国唐、宋、金、元彩塑的优良传统，是我国明塑中的佼佼者，被专家誉为"东方彩塑艺术宝库"。

双林寺的寺院由十座殿堂组成，分前、中、后三进院落。前院为天王殿、释迦殿、罗汉殿、武圣殿、土地殿、阎罗殿，中院为大雄宝殿、千佛殿、菩萨殿，后院为娘娘殿、贞义祠。

各殿内共保存了宋、元、明、清历代的2000多尊佛、菩萨、天王、金刚、罗汉、力士、供养人、珍禽异兽、山水花木等彩塑。色彩艳丽，造型生动。此外寺中的唐槐、宋碑、明钟，以及古建、壁画都十分珍贵。

平遥古城的镇国寺创建于唐末五代的北汉时期，原名京城寺，自明嘉靖年间易名为镇国寺。

镇国寺整座寺院坐北朝南，两进院落，中轴线上有天王殿、万佛殿、三佛楼，天王殿两侧配有钟楼和鼓楼。一进院东西廊有碑亭、三灵侯、二郎殿、财福神和土地各殿。二进院东西有观音殿、地藏殿等。

处于寺庙最前端的天王殿是元代建筑。进入殿内，可参谒佛国护法神将四大天王。四大天王很受民间"欢迎"，因为它们代表"风、调、雨、顺"，象征着"五谷丰登，天下太平"。

出了天王殿，钟楼鼓楼相互对峙，钟楼上有金代皇统五年（1145年）铸造的铁钟一口，形制古雅，工艺别致，而且钟声洪亮。据说，在当年没有汽车火车的古代，镇国寺的钟声能传到平遥城内，因此，这口古钟算得上一件珍稀之物了。

万佛殿位于天王殿之后，它是我国现存最古老的木结构建筑之一，堪称"千年瑰宝"。

这座殿宇造型独特，平面近似正方形，屋顶庞大，出据深远，但由于屋角反翘，使沉重庞大的屋顶呈现出轻巧活泼的建筑艺术形象，整个外观给人一种雄伟壮观、气势非凡的感觉，充分显示了我国古代建筑家在建筑科学方面的非凡技能。

在万佛殿内，共有彩塑11尊。中央是佛坛，主供形体高大的释迦牟尼佛像，此像坐在须弥座上，表现出安逸慈祥、和颜悦目的神态。旁边站立的是迦叶和阿南尊者。大殿左右两边分别供奉的是两尊菩萨和供养菩萨。

在菩萨的前面是两天王和两供养童子。这几尊塑像虽是宗教神化的偶像，但却是按照当时社会的等级制度，加以形象塑造的。这些塑像是我国寺庙中现存的五代时期的唯一作品，堪称"稀世珍品"，在我国雕塑史上占有重要一页。

镇国寺内的第三大殿是三佛楼，此楼创建于明代，殿内主像有3尊，分别是"法身佛、报身佛、应身佛"。这些佛像自然大方、造型优美。

在大殿的左右墙壁上，有一组精美的壁画，画的是释迦牟尼的生平八相图，集山水花鸟、人物于一体，描绘了释迦牟尼的一生。

位于后院西侧的地藏殿，俗称阎王殿，建于明代，主像为地藏王菩萨，四周为十殿阎王，6位判官、牛头、马面立于地上，这些塑像有的怒不可遏，有的文质彬彬，有的慈祥和蔼。

在地藏殿的四壁上有壁画，这些壁画集绘画、书法于一体，描述了不善之徒被受刑制裁的场面，其惨状目不忍睹。这些情节表现的是惩恶扬善的哲理，但在封建社会里，劳动人民处在社会的最下层，有冤无处申，有苦无处诉，只有把希望寄托在来世，正如这壁画旁的一副对联所写：

　　　　　　　阳世奸雄欺天害理由直汝；
　　　　　　　阴司报应古往今来放过谁。

这副对联强烈地表现着惩恶扬善的愿望和人生的哲理。

　　除了这些殿堂之外，在镇国寺内，还保存着历代石碑20余通，其中最值得一提的是"半截碑"。由于该碑上下左右都有残缺，所以名为半截碑，以残碑的宽厚度估量，原碑非常高大。

　　此碑内容与镇国寺无关，原来在镇国寺竣工时，在寺的附近捡回这块碑，人们本想用它做碑座，结果发现碑上的书法甚佳，秀润苍劲，当时没舍得毁掉，才得以幸存下来。经考证，这块碑是北汉国主刘崇之孙刘继钦的墓志铭碑，文物价值相当高。

　　另外，在镇国寺内还有一棵名为龙槐的古老槐树，据清代嘉庆的《龙槐记》碑中记载，这棵古树从有此庙时便栽在这里，距今已有1000多年的历史了。

　　此树长得高不盈丈，树身已满是裂缝，弯弯曲曲，枝干错综盘结，无头无尾，看上去张牙舞爪，腾云驾雾，也是寺内的一大奇观。

漫步寺内，除了深厚的文化气息和浓厚的古香气息外，还可领略到淡淡的月季香味。园中各色花卉品种齐全，争奇斗艳，给整座千年古寺增添了一片温馨。

镇国寺、双林寺和平遥古城的古城墙合称平遥古城的"三宝"，后来，这三宝被列入《世界遗产名录》。

知识点滴

在双林寺东北隅有一座小祠堂，名曰贞义祠。祠中有两尊塑像，一尊是躺在床上双目紧闭的少女，人称睡姑姑。一尊是旁边坐着骨瘦如柴的老妇，人称药婆婆。关于她们的来历，还有一个古老的传说。

很久以前，平遥桥头村有一户有钱人，家有一女。女孩16岁时，父母先后去世。女孩因太想念父母，便天天到父母生前常去的双林寺烧香，又把家中所有的钱都捐给寺院。

几年以后，女孩也得了重病，但有一位不曾相识的老妇不辞劳苦地侍奉她，直到女孩去世。女孩去世以后，这位老妇也陪她坐化。

后来，人们为了纪念二人，便在双林寺的东北隅修了一座单间小祠堂，里面塑了她们的塑像。

# 丽江古城

　　丽江古城又名大研古城，位于云南丽江，这里景色秀美，建筑古朴，历来就有"东方威尼斯""高原姑苏"等美誉。作为一座著名的古城，丽江古城的一个突出特点就是历史悠久。古城的存在已经有800多年，这漫长的历史给古城带来了浓厚的历史感。

　　丽江古城是一座具有较高综合价值和整体价值的历史文化名城，1997年，世界遗产委员会把丽江古城列入《世界遗产名录》，从此古城更加享誉世界。

# 木氏先祖始建大叶场新城

在我国西南部云南省的丽江市玉龙雪山下丽江坝中部，北依象山、金虹山，西枕狮子山，东南面临数十里的良田沃野之处，有一座完全由手工建造的木土结构房屋组成的古老城市。

和我国的其他古城相比，这座古城的最大特点是，它是一座没有城墙的古城。

据说，在很久以前的战国时期，这座古城隶属秦国的蜀郡，这里当时是一片沼泽地。到了南北朝时期，我国56个民族之一的纳西族先民迁徙至此，古城一带开始兴盛起来。

不过，这座古城真正始建时间是宋末元初。当时，纳西族的一位姓木的土司，将其统治中心从古城北的白沙镇，移到狮子山麓，开始营造房屋城邑。

由于这位古城的始创者姓木，如果在这座古城外再修建城墙的话，"木"字加框便成"困"，这是很不吉利的事，于是，在修建这座古城时，木氏土司便故意不筑城墙。

又因为这木氏土司的先祖属于古代纳西族束、叶、梅、禾四大支系中的"叶"一支，所以，此座古城修建好后，木氏土司为新城取名为"大叶场"，这便是后来的云南丽江古城。

这座古城修成后，很快成为我国南丝绸之路及茶马古道上的重要集市。随着来这里做生意的人越来越多，这里逐渐成为历代滇西北的政治、军事重镇和纳西、汉、藏等各民族经济文化交往枢纽城市。

1253年，元世祖忽必烈南征大理，用革囊渡金沙江来到大叶场，一部分兵营就驻于古城的大石桥一带，后来，大叶场的纳西族人就把这一带称为"阿营畅"，意思就是"元军驻扎的村落"。

后来，蒙古军在大叶场设三赕管民官。到1271年，古城地名改称丽江宣慰司，从此，"丽江"二字作为"大叶场"的地名历史由此开始，后人们也因此称此古城为丽江古城。

丽江古城又名大研古城，纳西语称为"依古芝"，意思是金沙江江湾中的集镇，又叫"巩本芝"，意思是仓库集镇，由这些字面意思可知，这座古城是以经济交往为主而发展起来的。

在我国古代，城建的方法是先行开河，然后依河水的来龙去脉进行城建规划，布街辟路。这座丽江古城也是依承传统的古城建规划法的经验而修建的，所以它也是我国古代城建方法的活化石。

据说，现存丽江古城的建筑格局完全是保留初建时的样子，整座古城依山势而建，选址独具特点，布局上充分利用了自然环境优势。西靠狮子山，北依象山、金虹山，南向开阔平坝，形成了坐靠西北面向东南的整体格局，既避西北寒风，又向东南光源。这样，使得古城冬暖夏凉，气候宜人。

丽江古城在街道布局上也独具特点。它无森严的城墙，无十字相交的道路，街道顺水流而设，以红色角砾岩铺就，雨季不泥泞，旱季不飞灰，石上花纹图案自然雅致，质感细腻，与整个城市环境相得益彰。

其中，四方街是丽江古街的代表，位于古城的核心位置，被称为古城的中心广场。这里不仅古城的中心，也是滇西北地区的集贸和商业中心。

四方街的形状很像方形的知府大印，一些人说是当年的木氏土司按其印玺形状而建的，当时的土司取名四方街，取"权镇四方"之意。也有人说是因为这里的道路四通八达，是四面八方的人流、物流集散地，所以叫四方街。

四方街是丽江古城的心脏。从四方街四角延伸出四大主街：光义街、七一街、五一街、新华街。又从四大主街岔出众多街巷，如蛛网交错，四通八达，从而形成以四方街为中心、沿街逐层外延的缜密而又开放的格局。

四方街西侧的制高点是科贡坊，为风格独特的三层门楼。西有西河，东为中河。西河上设有活动闸门，可利用西河与中河的

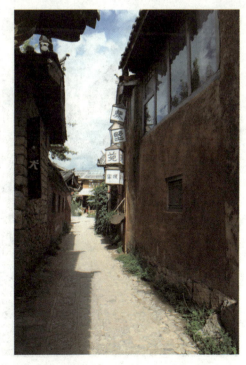

高差冲洗街面。

除了街道布局，丽江古城的民居建筑群也非常有名，它们是纳西族建筑艺术和建筑风格的集中体现。这些民间建筑群体在纳西族原始的井干式木楞房形式基础上吸收、融汇了汉、白、藏等民族建筑的一些优点而形成，在布局形式、建筑艺术等方面都有鲜明的地方特色与民族风格。

古城民居建筑是两层木结构楼房，也有少数三层楼房，为穿斗式构架、垒土坯墙、瓦屋顶，设有外廊。根据构架形式及外廊不同，可分为平房、明楼、雨步厦、骑度楼、蛮楼、闷楼、雨面厦七大类。

布局形式有三坊一照壁、四合五天井、四合头、两坊拐角、前后院、一进两院、四合院、多进套院、多院组合等类型。

其中，三坊一照壁是丽江纳西民居中最基本和最常见的民居形

式。在结构上，一般正房一坊较高，方向朝南，面对照壁，这里主要供老人居住。东西厢房略低，由晚辈居住。

四合五天井与三坊一照壁不同点在于去掉了正房面对的照壁而代之以三间下房的一坊，围成一个封闭的四合院，同时在下房两侧又增加了两个漏角小天井，故名为四合五天井。

古城民居中的四合头与四合五天井一样，由正房、左右厢房

四坊房屋组成一个封闭的四合院。

古城民居中的两拐房，一般是在经济条件暂不许可时修建起来的，这类民居先盖两坊。此两坊屋不能对面建盖，必须呈曲尺形布置，故形成二坊拐角的平面形式，其他两面由照壁及围墙合成庭院。

古城民居中的前后院是用花厅联系两个院，前院作花园，后院为正院，两个院的轴线均在房的轴线上。前院房屋一般是小巧玲珑的厅阁等与宅园相协调的建筑。民居中的两进院不同于前后院的是，两院不是在正房轴线上排列，而是左右并行，两院由过厅相联系。一般两院各有一轴线相互平行。前后院及两进院一般皆属中型民居。

民居中的多进多套院是基本平面形式的多院综合，有纵向发展的，有横向发展的，也有纵横同时发展的，一进两院式及多进多套院，一般属于富家大户住宅，皆属大型民居。

另外，古城的纳西民居中最显著的一个特点是：不论城乡，家家房前都有宽大的厦子，也即外廊。

厦子是丽江古城纳西族民居最重要的组成之一，这与丽江的宜人气候分不开。因为气候宜人，所以这里的纳西族人就把一部分房间的功能如吃饭和会客等，搬到了厦子里。这一功能也就造成了古城的民居大都有宽阔的厦子。

除了布局形式，古城民居还非常注重房屋的装饰，其重点是门楼、照壁、外廊、门窗隔扇、天井、梁枋等。

门楼的形式有砖拱式、木过梁平拱式及木构架式3种，砖拱式门楼多为中间高、两边低的三滴水牌楼式样。木过梁平拱式门楼则是以木过梁承托、外包簿砖的三滴水牌楼。木构架式门楼多为双坡屋面，檐下用多层花板、花罩装饰。

民居照壁一般有三滴水、一字平式两种，内部的外廊小照壁多用大理石装饰。房屋的门窗均饰以木雕图案，如鸟禽、花卉、琴棋书画、博石器皿等，是功能与艺术相结合的产物。

　　同时，古城民居的庭院主要采用鹅卵石、五花石等为原料铺装，图案根据庭院大小或房主喜好而定，内容涉及花鸟鱼虫、八赴阴阳、民间传说、神话故事等，手法古朴，布局严谨。占地大、院落多的宅院，普遍由两坊一照壁、花台、水池等构成。

　　在现存的丽江古城中，主要有白沙民居建筑群和束河民居建筑群。其中，白沙民居建筑群位于古城北，曾是宋元时期丽江政治经济文化的中心，也是丽江古城的最早建筑群。

　　白沙民居建筑群分布在一条南北走向的主轴上，中心有一个梯形广场，四条巷道从广场通向四方。民居铺面沿街设立，一股清泉由北面引入广场，然后融入民居群落，极具特色。

　　束河民居建筑群在丽江古城西北，是丽江古城周边的一个小集市。束河民居建筑群依山傍水，房舍错落有致。

街头有一潭泉水，称为"九鼎龙潭"，又称"龙泉"。泉内水质清澈，游鱼可数，从泉中溢出的流水蜿蜒于街衢旁。

另外，有一条名为青龙河的河流从束河村中央穿过，上面还架起一座石拱桥。据说，此桥名为青龙桥，是丽江境内最大的石拱桥。

除了这座青龙桥，在丽江古城区内的玉河水系上，飞架起的300多座桥梁也是古城的一景。这些古桥形式多样，主要形式有廊桥、石拱桥、石板桥、木板桥等。

在众多的古城古桥中，最著名的数大石桥、万子桥和南门桥。除此之外，还有锁翠桥、万千桥、马鞍桥、仁寿桥等。古桥的存在既方便了居民的出行，也为古城增添了一道亮丽的风景。

**知识点滴**

　　三眼井又称三叠泉或三叠水，是我国丽江特有的一种水井。我国北方的三眼井多以品字形分布，井水深，井口小，共有3个井口供三人同时取水。而丽江三眼井实际上是一个泉眼出水，从高到低分三级地势流淌。因三眼井按地势而成，下塘水不会污染上塘水，又可供不同需求者同时使用。

　　在丽江古城中，共有三眼井5个。凡有三眼井的地方，周围都有小型广场，栽有古树名木，除了挑水、洗衣服的人外，早晚时分，还有许多老人小孩喜欢到此憩息，构成丽江古城特有的一幅现代"市井生活图"，这也是丽江古城的一大特色。

# 丽江知府组织兴建土司衙门

　　1382年，古城所属通安州的知府阿甲阿得归顺明朝，明朝在此设立丽江军民府，明太祖朱元璋钦赐阿甲阿得姓木，并封他为世袭知府。

　　此后，木得在狮子山麓兴建丽江军民府衙署，并继续扩建古城贸易集市和街道建设，到了明朝末年，丽江古城已经呈现出一片繁荣的景象。

　　在现存的丽江古城中，有很多建筑就是在明代修建起来的。其中，位于丽江古城西南角的便是明代的丽江军民府府衙。

此府衙俗称木府，始建于1382年，府衙分布在一条东西轴线上，依次排列有金水桥、忠义坊、圆池、正殿、光碧楼、寿星楼、丹墀、一文亭、玉音楼、三清殿，直至狮山御园，一进数院，巍峨壮观。

这是一座仿紫禁城的纳西宫廷式建筑群，西面为府署，中间为家院，东面为南北花园，可以说得上气势恢宏，然而这里面住的不是皇帝和皇后，而是纳西族的世袭统治者木府家族。

原府衙于清咸丰、同治年间遭兵乱洗劫，现存府内建筑是后世重建的。中轴线上的主体建筑依次为：玉带桥、忠义坊、木府门、议事厅、万卷楼、护法殿、光碧楼、玉音楼、三清殿和后花园，侧面还有驿馆和木家院等。

其中，进入木府的第一道大门为关门口。这里是明清时期茶马古道必经之处。门口的一对石狮乃木府修牌坊时的狮子转移至此，至今已有上百年的历史。

天雨流芳牌坊是进入木府的第二道大门，上面写着"天雨流芳"四个大字。这四字乃有一语双意的意思，用汉语理解是"皇恩浩荡如天雨流芳"。用纳西语的解释是"看书去吧"。

在天雨流芳牌坊后面，是明代所建的玉带桥，因护城河从北、东、南三面玉带般环绕木府，此桥如玉带上的扣饰，故名玉带桥。因桥型酷似马鞍，该桥又名马鞍桥。一般的桥梁长度大于宽度，而玉带桥桥宽则远远大于桥长。

进入木府的第三道大门是一座采用金沙江边的汉白玉建成的，石柱撑着牌坊上的碑、椽、檐、坊盖，共有两层结构的大型石牌坊，名为"忠义坊"。

牌坊上层中央是金字"圣旨"，下层的大号金字是圣旨的内容：

"忠义"，这是明神宗朱翊钧钦赐镌刻的。四只石狮蹲踞在牌坊前，威风凛凛。赫赫有名的木府就在牌坊后边。

木府朝向坐西朝东，与一般古代官府坐北朝南不同，木府是朝向皇帝所在的方向，体现着孝忠皇帝。

木府的所有门都是木材质的，因为木府还有自己的理论，那就是"木府理论"。

"木府理论"称：木氏土司当年极为尊崇"开门为诸侯，关门是天子"的思想；其次纳西族因在"夹缝中求生存"，非常推崇汉文化教育；同时，木府内"木"的内涵很丰富："见木低头""丽江和'木'相处""以水养木""喜木朝阳"等；再者，木氏土司与中央王朝关系密切，许多匾额、门联等都反映了这一点。

为此，可以看出，"木府理论"其实也是寻回了被人们久已遗忘的木氏王国文化而已。

进入木府大门，是一个大广场，左右是钟鼓楼，穿过广场步上三层平台是一座巨大的宫殿式建筑议事厅。土司木公在这里办公，厅前高悬3块金匾，是明太祖、明成祖等3位皇帝赐给木土司的，内容都是"诚心报国"，既是褒奖，也是希望。

议事厅后是坐落在水中央的3层的万卷楼，这里是木土司藏书学习的地方，环境清幽，门窗木雕精美。万卷楼的后门上是嘉靖年间皇帝赐的"忠孝文武"匾。

往后去就是护法殿又称后议事厅。据说这是木土司处理家事的地方，中间供奉"天地君亲师"的牌位和土司祖先的画像，后门上挂着"乔木世家"匾。

护法殿后，一条街道把木府分成两部分，靠过街楼连接。从后门进入光碧楼，楼上陈列着丽江古往今来的杰出人物的画像照片。

光碧楼的后边是亭亭玉立的玉音楼，这里是专门存放历代帝王发布的诏书，以及接圣旨之所和歌舞宴乐之地。

演奏乐曲，接待来客，本来应该是很快乐的。但是人们看到二楼后边悬挂的一块匾就快乐不起来了，匾上写着"天威咫尺"，意思大概是不要以为山高皇帝远，就过分放纵自己，忘记自己对国家的责任。据说，这块"天威咫尺"匾额是一位名叫木增的土司对后世子孙意味深长的警示，要求后世子孙千万要加强自我约束。

古城内木府背枕狮子山，山上遍植柏树，如今狮子山上还保存有一大片古老的柏树林，它就是"丽江十二景"之一的"黄山古柏"。在狮子山极目下望，古城鳞次栉比的民居瓦房呈现出一片与天地混融的黛青色，苍苍茫茫宛若一幅巨大的水墨画。

古城内木府大门前的"忠义坊"是一堵石牌坊。相传丽江木天王为了建造石牌坊，派许多工匠到江边开凿石头，把重达500至5000千克的石柱石板往丽江古城运，许多人被活活累死。

石料备齐后，木天王又叫一位丽江白族师傅来主持工程，搭架试修了几次都倒了。后来师傅从小孩的游戏中得到启发，先竖石柱，周围拿土堆得和石柱一样高，再砌丽江古城石牌坊，砌好后又把土撤去，终于成功。

据说，木府修建此牌坊时，四周用木板、竹子围住，修好后才拆去。木天王怕走漏风声，又把修牌坊的工匠活埋灭口。

# 徐霞客做客古城木府福国寺

1636年，已经51岁的明代大旅行家徐霞客，从家乡江苏无锡出发，开始他一生中最后一次，也是时间最长、路程最远的一次考察旅游。

两年后，徐霞客从贵州进入云南。当徐霞客进入丽江古城，踩在五彩碎石铺成的街道上时，他被丽江的山水倾倒了。

在后来编撰的《徐霞客游记》中，我们还能够看到当时的丽江古城风貌：

坞盘水曲，田畴环焉。中有溪自东山出，灌溉田畴更广。又有谁西南自文笔山，沿南山而东转，随东圆岗

之下，经三生桥而东，与二水会，于是三水合而成漾共江之
源焉……

从徐霞客游记中，我们可以触摸到300多年前这个文明古郡的身
影，感受到古老文化的巨构华章。

据说，徐霞客的丽江古城之行是受到当时的土司木增邀请的。

这位木增是丽江第十九代土司，他从11岁起便世袭父职，有出众
的政治军事天才。

当时，明朝的统治已走向末路，内忧外患。忠于明朝皇帝的木
增，多次贡献银饷给明朝廷，以急朝廷的战事之需。他还上疏给皇
帝，建议皇帝敬天，遵守先祖法变；爱身修德，去声色；爱民减役薄
税；用贤能；广开言路；详察亲访，辨别好坏；守信用，赏罚分明；
平定辽东边患；重视孔子之学等。

1620年，明朝皇帝赐给木增"忠义"，这就是后来丽江古城木府

门前的忠义牌坊的由来。

除了在军政方面表现卓著外，这位木土司自幼勤奋好学，博览群书，少年时就能吟诗作赋。他在纳西族地区大力倡导学习汉文化。

为此，木增还在丽江木府内兴建了"万卷楼"，广泛收集百家经典，在现存的古城木府里，还有他当年收集的汉文丛书。

另外，木增的书法也很出色，在后来修建的丽江博物馆，人们可以看到他书写的两副对联：

僧在竹房半帘月；
鹤栖松径满楼台。

谈空客喜花含笑；
说法僧闻鸟乱啼。

从两副对联中，人们可以看到这位土司的草书潇洒飘逸，功底深厚。

木增在纳藏文化史上的最大功绩，是1614年亲自主持开始刊印藏文佛经大典《甘珠尔》。这部108卷包括1000多篇文献的经典历时9年才得以完成，史称丽江版《甘珠尔》。

再说徐霞客来到古城后，木增在古城的福国寺东堂五凤楼前，隆重地接待了这位旅行家。徐霞客在这里住宿几天，还考察了丽江附近风物名胜。这在《徐霞客游记》中记述非常详细。

丽江古城的福国寺始建于1601年，最早只是木氏土司的家庙。

当时的木氏土司请来汉传大乘佛教僧人在此念经修行，成为汉传佛教禅寺，寺名"解脱林"。后来的明熹宗朱由校赐名为"福国寺"，此后福国寺之名一直被沿用了下来。

据明朝《福国禅林纪胜记》碑载：

延袤数里，松桧万章，盘桓夹层，是为解脱林。林中之梵刹、危楼、飞观、绘橡薄栌，金碧辉映者，为福国寺。

到了清代康熙年间，福国寺里已没有了汉传僧侣住持。1678年，丽江木氏土司木懿从青藏请来都知等高僧，将福国寺改建为藏传佛教噶玛噶举派寺院。

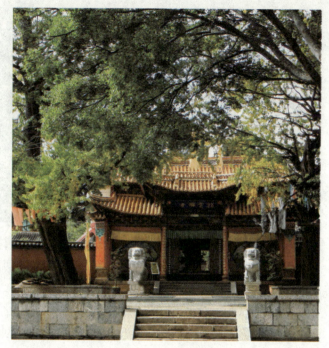

改扩建后的寺院成为一所有经堂殿宇五大院、僧房十八院的建筑群，福国寺成为丽江第一座藏传佛教寺院。

福国寺是丽江五大寺的母寺，作为云南最大的噶玛噶举寺院，噶玛巴、夏玛巴、大司徒仁波切、嘉察仁波切等都曾在此主持过大法会，佛法极为兴盛，寺中珍藏有许多有关噶玛巴活动的圣迹和文物。当时有僧侣90多人，规模甚是壮观。

1864年的正月，福国寺毁于兵火，到了1882年又曾重建。福国寺后来被毁，只有"五凤楼"与"解脱林"的门楼被保留了下来。

作为丽江主要的文化遗产，寺院最有名气的当属大殿五凤楼。

五凤楼，又名"法云阁"，建筑极为精美。无论从哪个方向看，均像5只展翅欲飞的凤凰，五凤楼也因此而得名。五凤楼为3层木构塔式建筑，三叠八角，气势十分雄伟。五凤楼的檐角组成上翘曲线，使庞大沉重的楼顶，显示出轻快的飞动感。

五凤楼的楼尖为贴金宝顶，多节玲珑。楼内雕刻精致，彩绘典雅华丽，与大红圆柱争相辉映。天花板上绘有太极图和飞天神王以及龙凤呈祥等图案，线条流畅，色彩绚丽，具有汉、藏、纳西等民族建筑艺术风格，是中国古代建筑中的稀世珍宝和典型范例。

　　五凤楼是云南省民族地区现存的一项具有科学、历史、艺术价值的重要古建筑。1983年，五凤楼被云南省人民政府认定为省级重点文物保护单位。

　　据说，作为土司木增的贵宾，徐霞客受到了木家上下的盛情相待，在其宴会上，徐霞客惊叹称："大肴八十品，罗列甚遥，不能辨其孰为异味也。"

　　同时，木增的儿子招待徐霞客时也毫不逊色："菜肴中有柔猪、牦牛舌……柔猪乃五六斤小猪，以米饭喂成者；其骨俱柔脆，全体炙之，乃切片以食。牦牛舌似猪舌而大，甘脆有异味。"同时，徐霞客还被赐给了珍贵的红毡、丽锁。连当地福国寺的主僧也"馈以古磁杯、薄铜鼎、并芽茶为烹沦之具"。

# 大理古城

  大理古城东临碧波荡漾的洱海，西倚常年青翠的苍山，形成了"一水绕苍山，苍山抱古城"的城市格局。从779年南诏王异牟寻迁都阳苴咩城，已有1200多年的建城历史。

  大理的全称是大理白族自治州，是一个以白族为主的多民族地区，大理古城是我国首批24个历史文化名城之一，大理城的城区道路仍保持着明、清以来的棋盘式方格网结构，素有"九街十八巷"之称。

# 明代在羊苴咩城遗址建古城

作为我国首批历史文化名城之一的大理古城，在我国古城中的地位是独一无二的。后世所见的大理古城是以明朝初年在阳苴咩城的基础上加以恢复的。

古城呈方形，开4门，上建城楼，下有卫城，更有南北3条溪水作为天然屏障。城墙外层是用砖砌而成，城内由南到北横贯着5条大街，自西向东纵穿了8条街巷，整个城市呈棋盘式布局。

羊苴咩城位于大理城南的苍山中和峰下，仅留残垣的城墙。

羊苴咩城是继南诏太和城后，南诏、丽江古城国的重要都城。北城墙依梅溪修建，溪水深沟成了天然的护城河。羊苴咩城墙用土夯筑。据史书记载，羊苴咩城南城墙应在龙泉溪旁，但城墙遗迹不明显。

在大理古城内，有一块1309年的《加封孔子圣诏碑》，碑文内容表明，大理古城是羊苴咩城东面的一部分。

早在六诏与河蛮并存时期，羊苴咩城就是大理洱海地区的一个较大的村邑，已经具有城市的雏形，是南诏王皮逻阁统一六诏、征服河蛮后占领的城邑。阁逻凤曾对羊苴咩城进行扩建，成了南诏的重要城镇。

779年，南诏王阁逻凤去世，由于他的儿子凤迦异早逝，而立他的孙子异牟寻为南诏王。后来，异牟寻修建了三阳城作防御吐蕃城垣，并于779年将王都从太和城迁至羊苴咩城。

羊苴咩城和云南省大理太和城一样，只有南、北两道城墙，西依苍山为屏障，东据大理洱海为天堑，羊苴咩城地势十分险要。据《蛮书》记载，羊苴咩城内建有南诏宫室和高级官吏的住宅。

羊苴咩城南、城北两座城门之间由一条通衢大道相连。城内有一座高大的门楼，在左右有青石板铺垫的高大台阶。从羊苴咩城南城门楼进去，走300步就到第二座门楼，羊苴咩城两旁又有两座门楼相对而立。这两座门楼之间，是高级官员清平官、大军将和六曹长的住宅。

进第二道门，走200步到第三道门。门前置放兵器，在羊苴咩城内建有两座楼。第三道门后面有一照壁，走100步就可以见到一大厅。

　　这座大厅建筑宏伟，厅前建有高大台阶，厅两旁有门楼，厅内屋子层层叠叠。过了大厅，还有小厅。小厅后面是南诏王的宫室。

　　856年，南诏王劝丰佑在羊苴咩城内修建了一座宏伟的建筑物，这就是五华楼。五华楼位于大理古城的中心部位，是古代南诏王的国宾馆，又叫五花楼。因其规模相当地宏大，在南诏时，曾被称为"天下第一楼"。

　　这个巨大的羊苴咩城楼上可容纳万人，下面可以竖5丈旗，是南诏接待西南各部落酋长的国宾馆。每年，南诏王以及后来大理国的大理王都会在五华楼会见西南夷各个小国君长，和其他一些重要宾客，赐以酒席佳肴，奏以南诏、大理时期的音乐。

据《南诏野史》记载，元世祖忽必烈征大理时，曾在五华楼前驻过兵，后五华楼被战火烧毁，明代已不存在了。后人从五华楼遗址发掘出的宋元时期的石碑，碑文进一步证实了《南诏野史》的记载。

五华楼作为国宾馆的历史也长达数百年之久。明洪武年间，政府在易址重修大理古城时，将城中的钟鼓楼改称五华楼，但其规模格局已远远不如南诏时期的五华楼。1862年，清代地方官又集资重修五华楼，后来，又屡经修建。

《南诏野史》记载，到1253年，羊苴咩城曾作为南诏、大长和、大天兴、大义宁、大理国等王朝的都城。

1274年，元朝在云南建立云南中书省，云南省会设在鸭池城后，羊苴咩城才失去云南政治、经济、文化中心的地位。1382年，明朝新建大理府城，大理羊苴咩城才逐渐荒废。

**知识点滴**

南诏王阁逻凤去世后，立他的孙子异牟寻为南诏王。当时正值南诏、吐蕃联军进犯西川（即四川），遭到唐将李晟的痛击。吐蕃责怪南诏，改封异牟寻为"日东王"，使大理南诏的地位降为吐蕃属国。

据《旧唐书》记载，异牟寻是一个知识渊博，有才智，颇具领导才能的人。当他开始意识到叛唐投靠吐蕃的危害时，希望重新归附唐朝，但又害怕吐蕃兴师问罪，异牟寻修建了三阳城作防御吐蕃城垣，并于779年将王都从太和城迁至羊苴咩城。

# 始建于古南诏国的崇圣寺三塔

　　崇圣寺三塔，是南诏国和大理国时期建筑的一组颇具规模的佛教寺庙，位于原崇圣寺正前方，呈三足鼎立之势。崇圣寺初建于824年至859年间，大塔先建，南北小塔后建，寺中立塔，故塔以寺名。

　　崇圣寺三塔位于大理古城北，东对洱海，西靠苍山，是大理市"文献名邦"的象征，是云南省古代历史文化象征，也是我国南方最古老、最雄伟的建筑之一。

　　崇圣寺是我国明代旅行家徐霞客在《滇游日记》中

所写的三塔寺。崇圣寺的壮观庙宇在后来烧毁，只有三塔完好地保留下来。

崇圣寺三塔，由一座大塔和两座小塔组成。大塔又叫千寻塔，与南北两个小塔的距离都是70米。

千寻塔高约70米，是方形密檐式空心砖塔，一共有16级，具有典型的唐代建筑风格。塔身内壁垂直贯通，上下设有木质楼梯，可以登上塔顶从瞭望小孔中欣赏大理古城的全貌。

千寻塔矗立在两层高大的台基上，塔前朝东的照壁上有"永镇山川"4个苍劲有力的石刻汉字，是由明代黔国公沐英的孙子沐世阶所写。

千寻塔始建于823年至859年间。建塔的方法传说有多种，其中的一种叫"土层掩埋法"，也就是由塔基开始，每修好一级塔，就用土层掩埋一级，并把土堆压成一个斜坡形的土台子，这样就大大方便了运送建筑材料和修建上一级塔。等到大塔封顶时，土台的斜坡已延伸数千米远，接下来又一层一层地挖去埋塔的土层，直到完全显露出整座塔。

三塔中，南北两座小塔高度相同，约42米，各有10级，是一对八角形密檐式砖塔，8层以上是实心，8层以下则是空心。外观轮廓线像锥形，具有典型的宋代建筑风格。

南北小塔约建于1108年至1172年间，大理国段正严、段正兴时期。随着年代的久远，两座小塔已经偏离了垂直线，倾斜了400多年。

仰望三塔，千寻塔每级四面都有拱形佛龛，相对的两龛内供有佛像，另外两龛则作为窗洞直通塔心。而南北小塔，每级的八方都有形状各异的塔形佛龛，各层塔身都有浮雕作为装饰。崇圣寺三塔的级数都为偶数，而其他地方佛塔的级数一般都是奇数。

崇圣寺三塔，从修建之日起，除了经历上千年风吹雨打和日晒之外，还经历过30多次强地震考验。其中，明代正德年间的大地震，大理古城房屋绝大部分倒塌，千寻塔也折裂如破竹。可是10天后，千寻塔竟奇迹般地自行复合如初。

崇圣寺及三塔建成后，一直到明代，寺院保存完好。

据史料记载，崇圣寺及三塔是

三阁七楼九殿，房屋890多间，有佛像1.14万尊。

大理国时期曾有9个国王禅位为僧，任崇圣寺住持。在佛教盛行的大理国时期，百姓不论贫富，家家户户都有佛堂。不论男女老少，都手不释数珠，因此大理国素有"佛国"之称。

而崇圣寺又有"佛都"之誉，而寺中的三塔、鸿钟、雨铜观音、证道歌碑和佛都匾、三圣金像，被视为五大宝物。直到明代，官员李元阳组织重修崇圣寺时，寺中的五宝还保存完好。

寺内的雨铜观音塑像，庄严静美，细腰赤足，造型精妙。相传，当时在殿内铸造高近10米的观音像时，铸到一半铜就已用完了，这时天上下了一场铜雨，人们便收集这些如珠铜雨才铸完了观音，故名雨铜观音。

在南诏和大理国时期，藏传佛教、印度密教和禅宗等宗教文化曾在大理得以交汇与融合。

**知识点滴**

在千寻塔上书有"永镇山川"4个字，之所以写这4个字，有两种说法。

一种说法是大理地区历史上水患较多，恶龙作怪，因此要治水就要先治龙。可是，龙只畏惧大鹏。因此只要塔和塔上的大鹏金翅鸟存在，龙就不敢作恶了，水患当然也就减少了。

另一种说法是，明朝时期，地处边疆的大理地区已划归明朝版图，明政府为了充分表达对这块版图的坚守之意，在屹立不倒的塔基上题字刻碑就再合适不过了。

# 康熙年间始建古城第一门

　　文献楼位于大理古城南门处，素有古城第一门之称，是大理古城的标志性建筑。

　　文献楼始建于清代康熙年间。因楼额悬挂云南提督偏图（汉名李羲瑞）在1701年所题的"文献名邦"匾额，故名文献楼。"文献名邦"匾的两侧有清代文人周仁所写的长联：

> 溯汉唐以还，张叔传经，杜公讲学，硕彦通儒代有人，莫让文献遗风暗消在新潮流外；
> 登楼台而望，鹫岭夕阳，鹤桥小路，熙来攘往咸安业，但愿妙香古国常驻于大世界中。

这副对联简单明了地介绍了大理古国的风情。

此外，还有"文献楼""南诏故都"等匾额。楼的东墙上镶嵌一块纪念大理最早的汉文化传播者张叔、盛览的石碑，上刻"张叔盛览故里"6字。

文献楼横跨古城南面进入大理古城的通道两旁，柳树成荫，充满诗情画意，是当时官府迎送达官贵人的门户。

　　矗立在砖石结构门洞上面的文献楼，是两层歇山式土木石结构的镝楼，具有典型的白族建筑特色。文献楼历史上几毁几修，重建后的楼体雄伟壮丽。

　　大理古城另一处标志性建筑是弘圣寺塔，俗称一塔，位于大理古城中和镇西南原弘圣寺前。历经岁月，大理弘圣寺早已荡然无存，只存寺塔威严耸立。

　　弘圣寺塔是16级密檐式方形空心砖塔。弘圣寺塔全塔分为基座、塔身和塔刹3个部分，有3台正方形基座，四壁用石头垒砌，备台之间有石阶相通。

　　弘圣寺塔第一台石阶在南面，第二台石阶在东面，第三台石阶在西面，直对塔门。

　　弘圣寺塔门呈圭角式，其上镶浅浮雕的5尊佛像，东、南、北三面各劈假卷门一道，弘圣寺塔身各层之间用砖砌出叠涩檐，四角飞翘。

从2层至15层，每层四面皆有佛龛，龛内置佛。弘圣寺塔佛顶四角原有金翅鸟，现已不存。

云南省弘圣寺塔刹装置在塔顶覆钵上，上为仰莲，再上为7圈相轮，相轮上为八角形伞状宝盖，再上为葫芦形宝珠，弘圣寺塔宝盖角上挂有风铎，弘圣寺塔的造型，与大理千寻塔相似。

关于弘圣寺塔的建造年代，史籍记载的说法不一，如《大理县志稿》中说：

弘圣寺塔，在大理城南弘圣寺，弘圣寺塔高二十余丈，十六级。世传周时阿育王建，明李元阳重修。

杨慎在《重修弘圣寺记》中又说："塔形于隋文帝时。"

　　弘圣寺塔是宗教的产物，修建如此宏伟的建筑物，必须具有一定的社会条件，以上说法均是附会。

　　现依据弘圣寺塔塔门上佛像的造型及所出土的梵文塔砖《阿闪佛灭正报咒》以及出土的塔、佛像的造型判定，应为大理南诏国时期的建筑，明嘉靖时郡人李元阳曾对弘圣寺塔进行过修葺。

　　新中国成立后，在维修弘圣寺塔时，在塔顶部发现一批南诏、大理国时期的重要文物。这些文物多是宗教题材的佛、菩萨、天王、力士、明王、塔模、金刚杵、铜镜、手镯、光珠和贝等，材料质地有木、玉、金、银、水晶、铜、鎏金铜和铁等。每件文物都技艺精湛，堪称上品，佛像的造型也是面貌各异。整座古塔简直就是一座巨大的文物宝库。

　　除了文献楼和弘圣寺塔，元世祖平云南碑也是不可多得的历史证物。此碑立于大理古城三月街街场内，立碑时间为1308年。

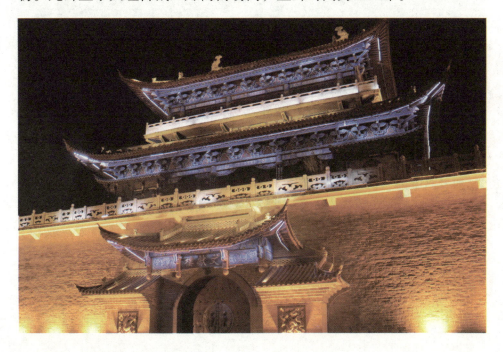

碑正面朝东，背靠苍山，面向洱海。碑由青石座、两截青石碑身、大理石碑额、麻石砌筑圆券顶和围护迎框组成。

石碑的顶部稍有残缺。文字均为直行正书。碑文出自翰林院名家的手笔，文辞典雅，气势磅礴。上石着重叙述征伐云南事迹，下石颂扬了元世祖的功德。碑额半圆形，正面有"世祖皇帝平云南碑"和双龙捧月浮雕，背面刻有3尊浮雕像。

碑文不仅歌颂了元世祖讨平云南的赫赫战功，还简要地叙述了忽必烈挥戈南指、转战万里，采取大迂回的行军路线，兵分三路向云南挺进的经过。当时，忽必烈亲自率领中路大军，渡大渡河、雅砻江和金沙江，从丽江直逼洱海，一举讨平了大理。

碑文还记载了元宪宗在大理的一些行政措施。因此，该碑对研究元初的政治、军事及云南地方史提供了较为可靠的实物资料。为了保护该碑，大理地方政府专门为该碑建了围墙。

元世祖平云南碑的碑文追述了元世祖平云南的经过。1262年，忽必烈由宪宗蒙哥"授纳专征"。第二年，蒙古军乘革囊渡过金沙江进入云南丽江。此行之前，已经先行遣使前往大理，招降大理国段氏，但因道路受阻使臣没有回来。11月，从丽江又派使臣去招降大理国，可是使臣到了大理国便遭杀害。

1254年，忽必烈南下，轻松就打败了大理国段氏。忽必烈下令：凡是善意归降者，一律厚待。至此，宋朝大理地方政权灭亡。元军攻下了阳苴咩城和拓东城以后，又平定了37个乌蛮部落，云南于是平定。

# 兴城古城

　　兴城古城位于辽宁省兴城市区，是我国现存最完整的四座明代古城之一，也是唯一的方形卫城。

　　古城始建于1430年，当时称宁远卫城，清朝时改称宁远州城。1623年，驻守此地的宁前道兵备副使袁崇焕主持重修。古城也逐渐发展为明朝末年关外第一军事重镇。

　　作为山海关外明朝的重要卫城，古城经历了580多年的风雨侵蚀和战争洗礼。1988年，古城被列入国家重点风景区。

# 明朝为防御女真袭扰建城

兴城古城是一座明代的古城，兴城之名源于辽代，990年，迁兴州民至桃花岛筑城设县，称兴城。1428年，驻守在这里的总兵巫凯、都御史包怀德为了防御女真族对明军的袭扰，呈请曹庄驿监督造了这座城池，并取名为宁远卫城。

这宁远城是明朝末年山海关外的防御重镇，随着这座城池的修建，这个地方在军事上的意义也就显得愈发重要。

1618年，居住在我国东北地区的女真族领袖努尔哈赤乘明王朝腐败而又摇摇欲坠之机，突然向明王朝正式宣战。

1618年至1621年，努尔哈赤带领的女真族部队旗开得胜，他们先后占领了沈阳和辽阳等城池，这让明廷震撼不已。

为保卫明朝京都不被努尔哈赤攻下，袁崇焕毛遂自荐，辅兵部尚书孙承宗驻守宁远。袁崇焕提出"若保关内，必守关外；若保关外，必守宁远"的积极方略。他抓紧修筑城池，将宁远建成屏障山海关的军事重镇。

清朝建立后，撤卫建州，宁远卫城也改称宁远州城，宁远州管辖山海关以东至锦州以西的广阔区域。

1914年，恢复使用辽代的兴城县县名，宁远城也就随之称为兴城

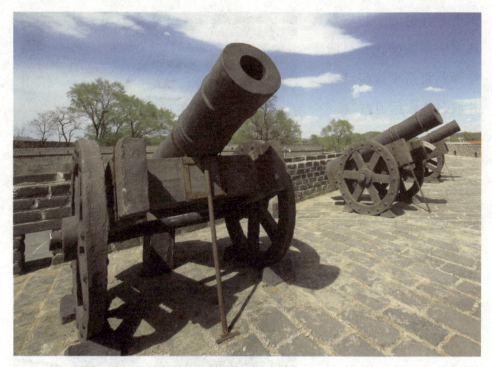

古城。

现存的兴城古城位于辽宁省兴城市。兴城市归属于葫芦岛市管辖，于葫芦岛市西南部，在辽东湾西岸，居辽西走廊中段。东南濒临渤海，西南依六股河与绥中县相邻，西北与建昌县接壤。

兴城古城是我国目前保存最完整的四座明代古城之一，是唯一的方形卫城，城墙设有东南西北四门，城中心设有钟鼓楼，城门外筑有半圆形围城叫作瓮城。这里取的是瓮中捉鳖之意，它的功能是保护城门。城墙四角仍筑有炮台，用来架设红夷大炮。

古城平面呈正方形，墙体为外条砖内毛石，外设垛口，内设女墙，中填夯土。墙顶设海墁砖一层水口。城墙四角设炮台，东南角炮台上为清代增建的魁星楼。

城墙四面正中各设城门，城门上皆筑箭楼，为两层楼阁。城墙四角设台，突出于城角。

四道城门，东为春和，南为延辉，西为永宁，北为威远。四门均建城楼，重檐歇山顶，面阔3间，进深一间。城门外有半圆形瓮城，内、外均以条砖筑成，城门内左侧设马道。

古城内的四条大街，是古城的主干道，因循四座城门而得名，分别称为春和街、延辉街、永宁街和威远街，城中百姓根据方位分别称为东街、南街、西街和北街。

街道两旁分布着许多老字号店铺，其中以南街最为集中，因此有"明代一条街"的美誉。四条大街呈十字形规则分布，因此又统称为十字大街。城内街坊布局，基本上仍保持着清末的体制。

十字大街的交叉点坐落着一座始建于1454年的钟鼓楼，现存的为

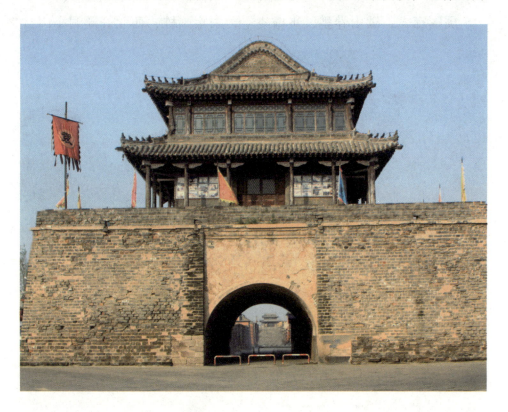

1777年至1779年重建的格局。钟鼓楼是为战时击鼓进军、平时报晓更辰所用。

钟鼓楼分为3层。基座平面为正方形，高如城墙，下砌通向4条大街的十字券洞，全部大青砖砌成，分东、西、南、北各筑拱形通道。

上为两层楼阁，内部辟为兴城出土文物陈列馆。展出五六千年前的"红山文化"时期，以及春秋战国时期的骨针、陶器、刀币等珍贵出土文物。还架设一面巨型牛皮大鼓。大鼓由整张牛皮绷制，实为罕见。

鼓楼的三层为民族英雄袁崇焕将军蜡像馆。此蜡像经过能工巧匠的精雕细刻，使人物表情丰富细腻、栩栩如生，似乎正在向人们宣布"我与此城共存亡"的决心。

周围廊式，歇山卷鹏、飞檐凌空、朱廊画栋，西北开涵洞小门，有石阶可上下。当登上鼓楼，古城风光尽收眼底，令人心旷神怡。

另外，兴城城墙的内壁也是很有特色的。为了使城墙坚固，形成强大的支撑力，避免内心的夯土松动，城墙在建筑之初就用不规则城石砌筑内壁，然后将壁面凿平，所以称为"毛石墙"；由于石料大多是就地取材，远望去颜色近似虎皮，所以又被称为"虎皮毛石墙"。

兴城古城墙是我国古代城市规划的典范。从建筑科学上讲，兴城城墙的选址得体，恰好处在山水围河的平原地带，十分有利于形成良好的生态环境和局部小气候。

背山可以抵挡冬天北来的寒流，抱阳可以得到良好的日照，近水可以保障生活及灌溉供水，还可以防止风沙侵袭，对城内居民十分有利。

　　我国古代的传统哲学思想在兴城城墙的规划和建筑中，体现得淋漓尽致：兴城城墙建成正方形，是取传统宇宙观的"天圆地方"，予以大地沉稳、永无销毁之意；兴城城墙的周长及城门数、街路数均为偶数，体现了古代哲学中数的思辨。

　　经过历代对古城的整修，兴城古城墙保存较好。既是历史名城，又是无数游人向往之地。

知识点滴

　　兴城首山脚下的茶棚庵原名叫永宁寺，后来有俩尼姑在此修行，改名为庵。

　　相传这两个尼姑乐善好施，为解除来往行人的干渴疲劳，用首山清泉肾金菜做茶水，供人们饮用，一年到头从不间断。随着四面八方的来客过往，她们的名声也流传千里。

　　一天，俩尼姑听说乾隆皇帝东巡要路过此地，便摆下了香案跪在地上接驾。传信官把此事告诉了乾隆，乾隆起身下了龙辇，来到俩尼姑跟前说："下跪何人？"

　　俩尼姑回禀："闻皇上东巡路经此地，贫尼特备香案，跪接龙驾，请进庵一饮，此茶祛风祛湿，开脾利肾，皇上饮后可消除劳顿。"

　　乾隆就来到庵内，饮过了尼姑献上的茶，疲劳顿消，神清志爽，抬头望去，首山风光尽收眼底。于是，乾隆即兴挥毫题写"首山胜境"四字，并封此庵为茶棚庵。

# 兴城古城内现存名胜古迹

　　兴城古城始建于1428年，为宁远卫城，清代重修，改称宁远州城。它与西安古城、荆州古城和山西平遥古城同被列为我国迄今保留完整的四座古代城池。

经历了570多年的风雨侵蚀和战争摧残，古城外城现已荡然无存，内城经历代维修，基本保留了原貌，城内的主要建筑有魁星楼、祖氏牌坊、周家住宅、文庙、郜家住宅和蓟辽督师府等。

其中，古城东南角是一座魁星楼。古城的魁星楼因其地理位置而被誉为"关外第一魁星楼"。

此楼共有两层，八面八角，建筑精良，内有魁星像一尊，头部像鬼，青脸红发，一脚向后翘起，一手捧斗，一手执笔，犹如用笔点中应试人的姓名，就是古书中说的"魁星点状"。

魁星楼始建年代无考证，后来经1782年、1818年两次维修。1847年发生一场大火，魁星楼"无寸椽片瓦存，碑证已遭烧毁"。经宁远知州强上林进行维修，重修时"废者举之，缺者完之，倾者植之，卑鄙者宏壮之"。后来此楼历经六次修葺，存留至今。

在古城内，最为著名的是延辉街，也称南街，街道两侧是以经营商业为主的旧式建筑，建筑不高，多为一二层。延辉街中央矗立着两座由明思宗朱由检为辽西守将祖大寿和祖大乐立的石牌坊。

这两座石牌坊，南为明前锋总兵祖大寿"忠贞胆智"坊，建于1631年。因有倒塌危险拆除，现存牌坊为后来重修。北为明援剿总兵祖大乐"登坛骏烈"坊，建于1638年。两坊均为四柱三间五楼式，单檐庑殿顶，柱高楼小，雕饰细腻。

石坊宏伟壮观，雕刻工艺精美、手法细腻逼真。虽已经受300多年风雨剥蚀，但仍保存完整，这对于研究明清以来劳动人民创造的石刻艺术和研究明清历史提供了珍贵的实物资料。

两座石坊一是祖大寿石坊，一是祖大乐石坊。祖氏均为兴城人，祖大寿为大乐堂兄。祖大寿石坊正面刻有两块横匾。上为"忠贞胆智";下为"四世元戎少傅";背面横书"廓清之烈"。最上层殿顶下方立匾上刻"王音"2字。

祖大乐石坊正面横匾额:登坛骏烈,楹联为:

桓纠兴歌国依干城之重;
丝纶锡宠朝隆铭鼎之褒。

背面横匾为:元勋初锡,楹联为:

松槚如新庆善培于四海;
琳琅有赫贲永誉于千秋。

这些刻字全部为阳文。楹联与牌匾多为歌功颂德的溢美之词。但无论从书法角度还是从考古角度看，均极具价值。

两座牌坊均为岩石料雕琢而成，造型都是仿木结构，显得高架凌空，竣严矗立，气势雄伟。

中柱和边柱下端南北两侧下蹲大小石狮两对，造型生动逼真，弓背昂首双双微作互相欲视之态。这两座石雕艺术瑰宝犹如一首凝固的音乐，其优美的旋律时刻回荡在古城内外，给人以美的享受。

在延辉门路口，还有一座著名的辽西传统民居住宅四合院，因宅院主人姓周而得名"周宅"。据说，它的建造者周永吉是一个拥有上千亩良田、两家绸缎庄的地主兼商人。

周家住宅是典型的具有辽西民俗特色的四合院建筑，临街修有门房6间，进入天井，7间正房出廊抱柱，左右各有厢房3间，房屋古朴典雅、美观大方，屋顶采用当地民居通用的囤顶，既防雨，又耐寒。

　　周家住宅在近一个世纪的变迁中，几经波折，经历了近百年的风雨剥蚀，但还是较完好地保存了下来，现在是葫芦岛市市级文物保护单位。

　　除了这两座石牌坊和周家住宅，在兴城古城内东南隅，还有古城内保存最完好的一处庙宇，名为文庙，亦称孔庙，为旧时古城百姓祭祀孔子的地方。

　　孔庙始建于1430年，是东北三省最古老的、辽宁省境内最大的一座文庙。1984年被列为辽宁省省级文物保护单位。

　　文庙分为内外院，内院有棂星门、泮桥、戟门、大成殿、崇圣

祠、祭器库、更衣亭、乡
贤祠、名宦祠等建筑。外
院以绿化为主。

院内古柏参天，曲径
通幽，体现了浓厚的历史
文化。整个建筑群，结构
严谨、布局合理。照壁、
棂星门、泮桥、戟门、大
成殿、崇圣寺主要建筑安
排在整个建筑中轴线上。

东西两角各有一块石
碑，上刻"文武官员军民
人等至此下马"，这就是
的下马碑，彰显出这位功
盖天地"至圣先师"的威
严。

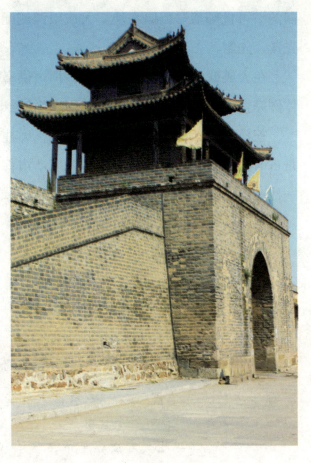

文庙为三进院建筑，东西垣墙南端，各有角门一座，东称毓粹
门，西称观德门。院内入门为第一进院。院南为照壁与南垣墙连立，
院北有棂星门，与两侧的圆月门相接，圆月门旁边筑碑亭一座，亭内
共立碑碣6通。

过圆月门，便是第二进院。院中泮桥纵跨，桥头有戟门立于高台
之上。庭院两则配以更衣亭、祭品亭、多贤祠和名宦祠，显得分外雅
致。入三进院，飞檐斗拱、画栋雕梁的大成殿便映入眼帘。

殿中供奉着孔子神位，两侧有四配十二哲。门额高悬康熙年间刻制的"万世师表"巨匾一块。大成殿两侧配有东庑和西庑，里面供奉先贤、先儒。

在大成殿后，院中有崇圣祠，祠内供奉孔子的五世祖。此建筑群体例完整、布局合理、结构严谨，工艺精雕十分考究。

苍松荫翳，古柏参天，曲径通幽，廊柱朱漆、雕梁画栋。这里曾是古时人们顶礼膜拜的地方，步入庄严肃穆、儒气十足的孔庙，给人一种庄重虔诚之感。

兴城古城内祖大寿石坊上的"玊音"2字，原意是朽木或琢玉之功，音是借用字，表示皇上首肯的意思。关于这里的"玊"字来历，还有一个故事：

据说，当年祖大寿欺骗皇帝，当了宁远总兵。为标榜自己功勋，他两次征集能工巧匠为其建牌坊，并吩咐石匠在牌坊上端刻"玉音"，这样就假借此牌坊是遵照皇帝旨意而建的。

两位石匠不满祖大寿欺上瞒下的行为，便将"玉音"刻成了"玊音"。在牌坊落成之后，老石匠说："奉圣旨修牌坊应刻'玉旨'，皇帝亲口答应应刻'玉音'，你修牌坊一无谕旨，二没有皇帝的亲口允诺，就得刻'玊音'了，这叫'万岁点了头'，否则皇帝就要怪罪下来。"祖大寿一听觉得还挺有道理的，不但没杀他们俩反而奖赏了他们。

# 商丘古城

　　商丘古城，又称归德府城，是我国原河南省商丘县城。此古城始建于明正德六年，距今已有近500年的历史。

　　古城由砖城、城湖、城郭三部分构成，城墙、城郭、城湖三位一体、外圆内方，呈一巨大的古钱币造型，建筑十分独特。

　　商丘古城是目前世界上现存的唯一集八卦城、水中城、城上城"三城合一"的大型古城遗址。

# 黄帝后裔始建华商之都

　　在我国的华夏大地上，放着世界上最大的一枚货币，那就是商丘古城。从3千米高空鸟瞰商丘古城，它就像一个外圆内方的我国古铜币。这里是我国夏、商两朝最早建都的城市，也是中华民族的发祥地之一。

　　话说，在很早以前，商丘一带是一片山林。在山林中居住着一群原始人，他们习惯吃生食，喝生血。但是，生食腥臊恶臭，伤害肠胃，容易让人生病。

后来，人们发现火烤熟的食品味美且易消化。但因雷击等产生的自然火很少，而且在短时间内也容易熄灭，人们很难保留火种。

当时，有一位圣人从鸟啄燧木出现火花而受到启示，就折下燧木枝，钻木取火。他把这种方法教给了人们，人类从此学会了人工取火，用火烤制食物、照明、取暖、冶炼等。

从此，人类的生活进入了一个新的阶段。后来，人们为了感谢这位圣人，便称他为燧人氏，并奉他为"三皇之首"。

燧人氏去世后，人们为了纪念他，便在商丘为他修建了一座高大的陵墓，这就是位于后来的商丘古城西南的火祖燧人氏墓地。

商丘地带的原始人学会用火之后，又过了很多年，远古时期部落联盟首领黄帝的孙子高阳氏即颛顼帝，他从黄帝的登基之地穷桑来到商丘，建立帝都。后来，黄帝的曾孙姬夋辅佐颛顼有功，也建都于亳，也就是后来的商丘高辛集，号高辛氏，史称帝喾。

据《左传》记载，高辛氏有两个儿子，大儿子叫契，二儿子叫实沈。二人不和，经常闹事。高辛氏便把契封到商丘做火正。

火正是掌火官，就是管理火种，以便人们可以随时取到火；并且要观察火星的运行，以便及时地告知人们防灾避祸并适时地播种收割。后来，观察火星与太岁之间的关系、位置的火正契就被人们称为"阏伯"。

　　《左传·昭公之年》载："迁阏伯于商丘，主辰，商人是因。"这就是说，阏伯是商人的祖先，他迁居之地正是商丘古城的起源。阏伯死后，人们就在他生前观察火星的高地上葬之，后人称之为阏伯台或火星台或火神台。

　　现存的阏伯台如墓状，夯土筑成，位于商丘古城西南，距今已有4000余年的历史。阏伯台下的土丘便是阏伯始封之商丘。商丘地名也由此而来。

　　不过，虽然最早的商丘城是阏伯和他的祖辈们兴建起来的，但真正把此地带上富强之路的还是阏伯的六世孙王亥。

　　当时，随着农牧业的迅速发展，商部落很快强大起来，他们生产的东西有了剩余，于是王亥便在商丘服牛驯马发展生产，用牛车拉着货物，到其他部落去搞交易，开创了华夏商业贸易的先河。

由于王亥是我国历史上最早的商人，因此被尊为商人始祖。后来，人们为了纪念这位华商始祖，便在位于商丘古城西南处修建了一座商祖祠。

商祖祠的第一道门是"商祖门"，又名"三商之门"。它是由3个变形"商"字甲骨文组成，大门上面有3只玄鸟在展翅腾飞，形象地展示了商族部落诞生的传说。

商祖门后面的富商大道，整条大道通过石刻的艺术形式，对我国各个朝代的主要钱币进行了展示。

万商广场后是为纪念王亥而建的商祖殿，又名王亥殿。仿汉建筑。是公元前1854年至公元前1803年的人们纪念王亥之地。

商祖殿的西配大殿名"财神殿"，主祀文财神比干；东配殿名"关帝殿"，主祀武财神关羽。两殿均为仿汉建筑。商祖殿后面的建筑为花戏楼，始建于明嘉靖年间，现存戏楼为后来重修。

由人们对祖先阏伯的祭祀演变而成的盛大庙会，又称火神台庙会，这是商丘最为古老和盛大的庙会，简称"台会"，老百姓又称其为"朝台"。

随着时间的推移，从庙会形成起，朝台的人越来越多，至唐代已发展成相当隆重的庙会。据考证，火神台庙会至清朝乾隆年间最为盛大。

朝台本来从正月初四开始，香客为表达对火神的虔诚与敬意，从头年腊月便往这儿赶，春节未到，火神台附近的村庄住满外地香客。认为朝拜后，火神会在一年里保佑全家平安。

知识点滴

# 六朝古都演绎的辉煌历史

四五千年前的原始社会末期，中原地区分布着许多氏族部落。商丘的祖先契是和夏禹同时代的部落首领。

夏禹就是我国远古时代，夏朝的第一位天子。他是我国传说中与尧、舜齐名的贤圣帝王，他最卓著的功绩，就是历来被传颂的治理滔天洪水，又划定我国国土为九州。后人称他为大禹。

大禹建立夏朝后，他的后人少康又在商丘建立了都城，这就是历史上著名的"少康中兴"，商丘为此成为中兴之都。

契的十三世孙成汤当部落首领时，乘夏朝太康失位，把势力伸展到黄河下游的一些地区，商很快成为一个兴旺的小国。

这时，夏朝阶级矛盾十分尖锐，而商的农业、手工业及商业都比夏进步。商的首领成汤任用奴隶伊尹做右相，任用车官奚仲的后代仲虺做左相，战胜夏桀，灭了夏朝。

成汤回到老家南亳，也就是后来的商丘古城，建立帝都，定国号为商。于是，商丘城成为商朝的开国之都。

公元前11世纪，周成王三年，周公平定武庚叛乱后，成王封殷商后裔微子启于商丘，称宋国，商丘为宋国国都。西汉时期，商丘为汉代最强盛的诸侯国梁国的国都。北宋时期，商丘为北宋陪都，1127年，赵构在南京应天府，也就是后来的商丘即位，于是，商丘古城又成为南宋的开国都城。

从帝喾高辛氏定都商丘，到成为夏朝中兴之都、商朝的开国之都、周朝宋国之都、汉朝梁国之都、南宋开国之都，商丘古城成为我国古代的六朝古都，其建都时间最早，跨度最长，前后共历1500多年。

悠久的历史、灿烂的文化给商丘留下众多的人文景观。现存的商丘古城为1511年所建，距今已有500多年的历史，是我国保存最为完好的古城之一。

　　在古城之下，同时叠压着春秋时期的宋国都城、秦汉和隋唐时期的睢阳城、宋代应天府南京城等六座都城、古城。

　　现存的商丘古城自明代建成后，城内街道胡同等格局基本没变，仍然保持着当时的棋盘罗布、奇门八卦的原貌，有商丘作为华夏之邦商业、商品、商文化发源地之隐喻，是目前世界上现存的唯一集八卦城、水中城、城上城的大型古城遗址。

　　城内地势呈龟背形状，共93条街道，在古代八卦学说中，9是最大的数字，而3是万物的源泉，所谓一生二，二生三，三生万物，所以93是一个吉利数字。

　　这93条街，把全城分割成200米见方的许多小块，格局如同棋盘。俯瞰全城，如棋盘状。建筑多为走马门楼和四合院建筑群。

　　根据五行相克相生的理论，为防金木相克，东西两门相错。东门偏南，西门偏北，错开一条街，出现了与南北轴线分别相交的两个隅首。

　　古城南为拱阳门，拱券式建筑；北为拱辰门，东为宾阳门，西为垤泽门。门上原皆有城门楼，后毁于战火。现北城门楼与南城门楼均已修复。

　　北门城楼为归德知府于1555年所建，为重檐歇山式建筑。雄伟壮观，古城楼飞檐挑角，琉璃覆顶，古典彩绘，辉煌灿烂。城楼为上下两层，下层有唐六忠烈大型塑像展览和古代十八般兵器展览。

　　四门之外原有瓮城，每瓮城各一座扭头门，后被拆除。城墙四面有敌台，形制大小不一，西门向南的第一个马面呈半圆形建筑，其余

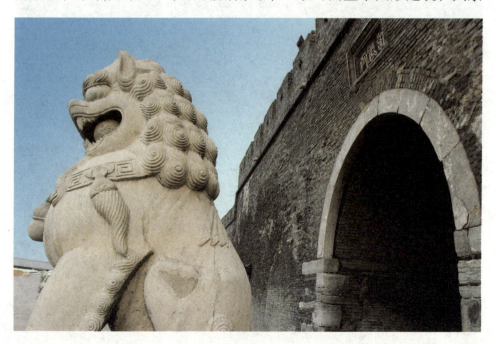

皆呈凸出墙外马头形。城墙角各有一处角台，形制相同，大小不等。城墙上有城垛口。

城墙外为护城河，绕城一周。护城河外的护城土堤，是1540年筑成。

在古城北门内附近，刘隅首东一街，有侯方域故居，又名壮悔堂，是明末清初文学家侯方域的书房。

现存的壮悔堂是一座明三暗五、上下两层前出后包坐北朝南的楼房，正面向南的地方是一座五间的过厅，东侧是三间两层的雪苑社，两座楼房东西对峙，与壮悔堂、过厅形成一组四合院，是一座明末清初典型的建筑。

穆氏四合院坐落在古城内中山东二街的睢阳宾馆院内，是它是商丘古城保存比较完整、最具有代表性的四合院建筑群之一。

穆氏四合院东侧是河南省现存规模最大的庙宇文庙。据史料记载，文庙始建于1555年至1559年，距今已有近500多年的历史。孔子周游列国时，曾在此讲学，后人为纪念孔子，就在此修建了文庙。

文庙大殿气势雄伟壮观，结构精巧，脊中立宝瓶，鸱兽龙雕左右相对视，飞檐斗拱，画砖雕绘非常精美。

位于商丘古城之东，原址在县城南门外东侧处，是著名的应天书院，它与江西庐山白鹿洞书院，湖南长沙岳麓书院，河南登封嵩阳书院并称北宋四大书院，也是我国唯一坐落于闹市区的书院。

应天书院经历了从私学到官学，从书院到府学，最后成为国子监的长期发展过程。范仲淹、晏殊等人对应天书院的发展做出了不可磨灭的贡献。当时的书院已无处可寻，目前已在考证的原址上仿制重建。

坐落在商丘古城南门外的张巡祠，是为纪念"安史之乱"中为保卫睢阳而殉难的张巡、许远等人所建。新中国成立后该祠重建。

此外，在商丘古城城郭东南角内侧，还有一著名建筑文雅台。西汉初年，梁孝王刘武做梁国国君时，在孔子习礼处盖起了亭台楼阁，常与司马相如、枚乘、邹阳等文人雅士在此吟诗作赋，颇有文雅之风，于是建了文雅台。

现在的文雅台内，有院墙一周、过厅3间，大殿3间，重檐六角亭一座，亭内有唐著名画家吴道子所绘孔子石刻画像，亭四周有历代名人碑刻40余通。

院内有圆形代檀池，植有荷莲。文雅台一周碧水环绕，环境清幽，风景宜人，原为商丘七台八景之一，吸引不少海内外游子来此观光旅游。

总之，商丘古城格局是古代城池的典范之作，不仅在我国，就是在世界上其他国家现存的古城池中也是绝无仅有的，这也是商丘古城目前最有价值的部分之一。

商丘古城内应天书院的前身是后晋时杨悫所办的私学，后经其学生戚同文的努力，得以发展，学子们"不远千里"而至，"远近学者皆归之"。北宋政权开科取士，应天书院人才辈出，百余名学子在科举中及第的竟多达五六十人。

宋真宗时，因追念太祖自立为帝，应天顺时，将宋太祖赵匡胤发迹之处宋州，也就是后来的商丘，于1006年改为应天府，1014年又升为南京，处陪都地位。

1009年，曹诚愿以学舍入官，并请戚舜宾主持。应天府知府把请求上报宋真宗并获批准，使端明殿学士盛度著文评记其事，前参政事陈尧佐题写匾额，正式赐额为"应天府书院"。

# 襄阳古城

　　襄阳古城地处汉江南岸，与北岸的樊城隔江相望，是襄阳市委市政府机关所在地。它三面环水，一面靠山，不仅是历代区域性政治、经济、文化的中心，更是一座古今闻名的军事重镇。因城墙坚固，城高池深，易守难攻，素有"铁打的襄阳"之称。

　　城墙始筑于汉代，时兴时废，保留至今的是明洪武年间重筑的新城。古朴典雅的城地，与新近修复的仲宣楼昭明台等历史名胜融为一体，交相辉映，成为我国历史文化名城之一。

# 见证众多历史战争的古城

　　提起襄阳，人们最先想到的是《三国演义》中魏、蜀、吴在其所在地荆州所上演的一出出好戏，《三国演义》120回的故事中，有32回的故事都发生在这里。

我国古代的襄阳城主要由襄阳城和樊城组成，襄阳城因地处襄水之阳，因而得名为"襄阳"，其早在先秦时期就已经初见规模，距今已有2000多年的历史。樊城则因周宣王时樊侯仲山甫封地于此而得名。

襄阳位居祖国大陆腹地，扼守汉水中游，西接川陕、东临江汉、南抵湘粤、北至宛洛，交通十分便利，战略地位突出，因此成为历朝历代兵家必争之地，也几次成为我国历史进程的见证者。

207年，寄居于荆州新野的刘备来到襄阳城西的隆中，拜会了"卧龙"诸葛亮，请他出山辅佐自己，这就是历史上有名的"三顾茅庐"。

诸葛亮在隆中对当时的天下形势进行了深入的分析，并且为刘备构思了"先据荆州，后进巴蜀，再图中原，兴复汉室"的战略，史称"隆中对"。

由此，诸葛亮这位一代名相便活跃于三国这座历史舞台上，而其伟大的战略构想的形成，可以说与其隐居襄阳的经历有着密不可分的关系。

这座见证了我国众多历史的城池，到底是何年所建？几经维修呢？据东晋著名史学家习凿齿的《襄阳记》中记载：城本楚之下邑。

这就是说在春秋战国时，这里还只是楚国的一个小村庄，并没有修建城池。后来的史志记载，襄阳城应始建于汉，后历经维修、扩建。

现存的襄阳古城地处汉江南岸，与北岸的樊城隔江相望。它东、西、北三面环水，南面傍山，形势险要，自古易守难攻。

襄阳古城略呈方形，墙体土夯筑，外砌城砖。城墙高大，气势雄伟，堪称襄阳胜景。

襄阳城垣不仅以它的高大著称，而且四面建有6座城门，每座城门外又建有瓮城，襄阳人俗称月城，城门上又建有城楼，使古城垣更显雄伟。

由于历代兵燹，城门与城楼屡坏屡修。据志书记载，明成化间都督王信重建南门城楼。弘始中，副史毛宪重建东、西门与大、小北门及东长门诸城楼及各面角楼。

1576年，知府万振孙首次为六门题别称，他题东门为"阳春"，南门为"文昌"，西门为"西成"，大北门为"拱宸"，小北门为"临汉"，东长门为"震华"。

1641年，城楼被毁。其后御史袁继咸亲督标兵修复城垛如旧。都御史王永祚随之重建六门城楼。1648年，都御史赵兆麟檄副史苏宗贵重修西门城楼，知府冀如锡重建南门城楼，同知徐腾茂、张仲重建大北门、小北门城楼。

知县董上治接着重建东门城楼后，又为各城门再题别称，题东门为"保厘东郊"，南门为"化行南国"，西门为"西土好音"，北门为"北门锁钥"。1826年，知府周凯重修六门城楼。

1933年，大北门城楼被飓风摧毁。1939年，日本侵略者对襄阳二城狂轰滥炸，为便于群众疏散，将西门南侧和南门西侧的城墙连同西门、南门月城及城楼拆除。后长门城楼坍塌。目前襄阳城独存小北门城楼。新中国成立后经多次维修，焕然一新、巍峨屹立。

此外，城垣上还有三座古雅、庄严的城楼，三楼是：仲宣楼、魁星楼和狮子楼。

仲宣楼，又名王粲楼。在东南城角上。雍正年间副史赵宏恩重建。1760年署知府胡翼重修。

仲宣即王粲，东汉末文学家，为"建安七子"之一，17岁时，诏任黄门侍郎，辞不就，避难于荆州，依从刘表，在襄阳时常同刘表登楼作赋，后人以其名命楼名。

魁星楼也处在东南角城上，仲宣楼西侧，即状元峰，南距文昌宫不远。由清顺治年间知府杜养性所建，雍正年间知府尹会一重修，乾隆年间再修。楼高3层，六角形，碧绿琉璃瓦面。

狮子楼在西南城角上。明洪武初建，绘狮子于楼内壁上，以示镇城，西南望虎头诸山，后改建3只石狮，各高丈许。1641年，都御史王永祚重建襄阳城六门时，也将狮子楼修葺。

襄阳城垣以它历史悠久，城高池深而著称，并以它坚固而闻名。在历史上，它不仅是防御的有效堡垒，而且又多次力敌洪水的侵袭。人们记忆最深的莫过于1935年的一次洪水，当时沿汉水两岸的城镇、村庄，均被淹没，唯独襄阳城内未进水，这全靠襄阳城防水性能良好的缘故。

人们常赞美襄阳城固若金汤，易守难攻。除了城南环山这天然的屏障外，护城河也为襄阳起到铜墙铁壁的作用。襄阳护城河比起我国北京、开封、洛阳等城的护城河都要宽，可以说，襄阳护城河是全国最宽护城河，有"华夏第一城池"之称。

在襄阳城西北角，有一段为了纪念韩夫人而筑建的夫人城，它来源于这样一个故事：378年，前秦王苻坚为灭东晋独霸中原，命长子苻丕率领十几万大军，分四路围攻襄阳。

襄阳守将朱序认为，襄阳城易守难攻，前秦军队不善水战，不可能从汉水北岸的樊城渡江攻取襄阳，并不在意。朱序的母亲韩夫人，见儿子忙于全面防务，便亲自登城巡视，察看地形。她看出城西北角地形险要，必先受敌，便带领家婢和城中妇女，夜以继日筑起一座高6米、长60米的内城。

果不其然，苻丕率兵直扑襄阳城西北角，韩夫人新建的内城成为东晋军坚守的屏障，最终保住了襄阳城。后人为纪念韩夫人，将新修的这段城墙尊称为夫人城。

知识点滴

# 沧桑古城留下的文物古迹

萧统

　　襄阳古城是一座历史厚重的城，自东周至新中国成立前，上下3000多年，襄阳一直是群雄角逐的重要战场，战争的硝烟不断弥漫在它的上空。

　　如今，古城内尚存许多著名的文物古迹，这些古迹主要有新城湾、昭明台、王府绿影壁等，它们的存在为我国的历史研究提供了重要的实物资料。

　　其中，新城湾位于襄阳城东北角。明以前，襄阳城为一正方形城池，但东北角偏离汉水，对设防不利。为了加强襄阳城东北的防御及控制水上通道，明朝在1382年加修此段城墙，所扩圈进来的部分称为新城湾。

在新城湾的东北是有名的长门，是古渡闸口之进出襄阳之门户。今汉江大桥东还保留着二道门洞。

昭明台位于襄阳古城正中。为纪念南朝梁昭明太子萧统而建。昭明台为襄樊标志性建筑。昭明台原名"文选楼"，唐代改称"山南东道楼"，旧有唐代书法家李阳冰篆书"山南东道"4字石刻。

明代更名"钟鼓楼"，嘉靖时称镇南楼。清顺治重建后定名昭明台。建筑面南，青砖筑台，中有条石拱砌券洞。台上建三檐二层歇山顶楼房，东西各建横房，台南有鼓楼、钟楼各一。昭明台雄踞城中，巍峨壮观，古誉为"城中第一胜迹"。

抗日战争期间，襄阳沦陷，楼毁台存。新中国成立后，又在原址得以重建。重建的昭明台是用现代建筑材料建造的，台基上按魏晋风格建3层楼阁，集购物、游览、文化娱乐于一体。

明藩王府位于襄阳城东南隅，运动路南侧，为正统元年襄宪王朱瞻墡自长沙徙襄时所建，据今500多年。在此王府的门前，有一著名的影壁，名为绿影壁。1641年王府被毁，仅存此绿石影壁。

绿影壁由底座、壁身和顶盖3部分组成，壁身分为三堵，面北而立，底座为须弥座，满雕游龙，顶为庑殿式，飞檐脊吻，瓦面皆用石块雕成。壁身为大块绿色砂岩，深雕奔龙云水拼装而成。中堵为二巨龙戏珠于云水间。东西两堵各浮雕一出水蛟龙，向中间飞腾，似有夺珠之势。

壁身用雕龙汉白玉条石嵌边，绿白相映、鲜明醒目。壁两侧浮雕海中琼岛仙山，全壁浑然一体。绿影壁设计之妙，雕刻之精，嵌镶之巧，堪称我国古代建筑和雕刻艺术之珍品。

除了以上古迹之外，在襄阳古城内，还有目前我国历史名城中规模最大的一条仿古街襄阳北街，街道内主要建筑物包括古城门楼、仿古建筑群、牌坊等。

这些建筑物与古襄阳城墙有机地融合为一体，形成了既有传统风貌，又不失现代气息街区文化。

**知识点滴**

据新城湾近年出土的文物证明，襄阳城的新城湾因靠近汉江码头，运输方便，土地开阔，这里是明代的冶炼作坊区。

1935年筑堤时挖出原料银锭500多斤。新中国成立后也出土了银锭、银制品，还有官府铜印等。

据说，在明清时，新城湾附近还有很多寺庙和书院。如白衣庵、净心庵、斗姥殿、千佛寺、鹿门书院等。